U0632741

中青年经济学家文库

北部湾城市群城镇化与生态环境协调发展研究

黄河东 著

中国财经出版传媒集团

经济科学出版社

Economic Science Press

图书在版编目（CIP）数据

北部湾城市群城镇化与生态环境协调发展研究/黄河东著.
—北京：经济科学出版社，2018.2
ISBN 978 - 7 - 5141 - 9171 - 4

Ⅰ.①北…　Ⅱ.①黄…　Ⅲ.①北部湾 - 城市群 - 城市
化 - 研究②北部湾 - 城市群 - 生态环境 - 环境保护 - 研究
Ⅳ.①F299.276.7②X321.267

中国版本图书馆 CIP 数据核字（2018）第 063161 号

责任编辑：李晓杰
责任校对：郑淑艳
责任印制：李　鹏

北部湾城市群城镇化与生态环境协调发展研究
黄河东　著
经济科学出版社出版、发行　新华书店经销
社址：北京市海淀区阜成路甲 28 号　邮编：100142
总编部电话：010 - 88191217　发行部电话：010 - 88191522
网址：www.esp.com.cn
电子邮件：esp@esp.com.cn
天猫网店：经济科学出版社旗舰店
网址：http://jjkxcbs.tmall.com
北京季蜂印刷有限公司印装
710×1000　16 开　14.5 印张　220000 字
2018 年 5 月第 1 版　2018 年 5 月第 1 次印刷
ISBN 978 - 7 - 5141 - 9171 - 4　定价：48.00 元
（图书出现印装问题，本社负责调换。电话：010 - 88191510）
（版权所有　侵权必究　举报电话：010 - 88191586
电子邮箱：dbts@esp.com.cn）

前　　言

　　北部湾城市群是国务院批复同意建设的国家级城市群，其范围包括广西壮族自治区的南宁市、北海市、钦州市、防城港市、玉林市、崇左市，广东省的湛江市、茂名市、阳江市，海南省的海口市、儋州市、东方市、澄迈县、临高县、昌江黎族自治县。

　　随着经济的快速发展和城镇化进程的推进，城镇化与生态环境之间的矛盾日益突出，在推进城镇化进程中保护和建设好生态环境，实现两者的协调发展，是促进北部湾城市群持续协调发展的关键。

　　本书以北部湾城市群为研究对象，综合经济学、生态学、环境科学等学科的理论和方法，借鉴国内外相关研究成果，在论述城镇化与生态环境的互动效应及协调发展机制的基础上，利用定性和定量相结合的分析方法，分析了北部湾城市群城镇化及生态环境协调发展的现状及特点，重点对北部湾城市群城镇化与生态环境协调发展进行了横向和纵向的实证对比研究，并提出了北部湾城市群城镇化与生态环境协调发展的调控模式和调控对策。本书共分为七章，具体如下：

　　第一章是绪论。主要介绍研究背景、研究意义，并对城市与城市群、城镇化、生态环境、协调发展等基本概念的内涵和特征进行阐述。

　　第二章是理论基础与文献综述。主要分析城镇化与生态环境协调发展的可持续发展理论、循环经济理论、生态城市理论、清洁生产理论等相关理论，并对国内外关于城镇化与生态环境相互关系研究的相关文献进行了综述。

第三章是城镇化与生态环境的互动效应。主要分析城镇化的生态环境效应，包括城镇化对生态环境的促进效应和胁迫效应；并分析了生态环境的城镇化效应，包括生态环境对城镇化的促进效应和约束效应。

第四章是城镇化与生态环境协调发展的机制。主要分析城镇化与生态环境协调发展的内涵及特征、关联机制、阶段特征和作用机制。

第五章是北部湾城市群城镇化与生态环境发展现状及特点。主要介绍北部湾城市群的发展概况，分析了北部湾城市群城镇化的发展现状及特点；并分析了北部湾城市群生态环境的发展现状及特点。

第六章是北部湾城市群城镇化与生态环境协调发展的实证分析。主要是以城市群作为研究单元，利用协调发展度模型，对北部湾城市群与中国其他地区 18 个城市群的城镇化与生态环境协调发展情况进行实证对比分析；并以单个城市作为研究单元，利用脱钩模型，对北部湾城市群 15 个城市的城镇化与生态环境压力的关系进行动态对比分析。

第七章是北部湾城市群城镇化与生态环境协调发展的调控。主要分析了北部湾城市群城镇化与生态环境协调发展的调控方向、调控模式以及调控对策。

本书对北部湾城市群城镇化与生态环境协调发展进行了积极的探索研究，对推进北部湾城市群可持续发展的实践工作，以及研究者今后继续研究探讨北部湾城市群的发展或其他地区城市群的发展起到一定的参考作用。

作者

2018 年 1 月

目　　录

第一章

绪　　论

第一节
研究背景及意义

一、研究背景

改革开放以来，中国经济社会由计划经济体制向社会主义市场经济体制转变，经济发展充满活力和潜力，经济快速增长，总量不断扩大，2010年成为仅次于美国的世界第二大经济体。与此同时，中国城镇化高速发展，城市基础设施建设规模不断扩大，居民生活水平不断提升，城镇的发展成为推动区域经济发展的主导力量。城镇化推动着经济社会的发展和人口向城市的集聚。然而，城镇化进程不断加快，城市经济繁荣，给经济社会发展带来诸多利益的同时，城市生态环境方面的困境与危机却不断显现。

生态环境为城镇化提供了物质基础，城镇化进程中，人们对自然界展开了大规模的开发和利用，创造出了前所未有的物质财富，取得了科技的巨大进步和经济发展的同时，以废气、废水、固体废弃物"三废"为主的各种工业污染对城市生态环境造成了严重影响。人口集聚的城镇化过程一方面促进了经济社会的发展，工业化进程的加快，人们生活水平的提高；另一方面引起了城市及周边地区的环境恶化，造成城市生活和生产资源紧张，产生大气污染、水污染、固体废弃物污染及噪音污染等一系列生态环境问题。生态环境的恶化，在某种程度上制约着城镇化发展的速度和质量，给城市的持续发展提出了严峻的挑战。

人们在感受到日益丰富的物质文化生活的同时，也逐步认识到生态环境的重要性。城镇化过程不可避免地给城市的生态环境造成压力，影响和改变着城市的生态环境水平。城镇化的发展离不开良好生态环境的支撑，生态环境质量直接影响城镇化发展的速度与规模。城镇化与生态环境相互影响、相互制约，改善城镇化与生态环境之间的关系，实现生态环境保护与城市发展相协调，是城市持续健康发展的必由之路。

城市群是一定区域内以一个或两个特大城市为核心，由若干个城市组成，相互间密切联系的城市群体。在经济全球化与区域经济一体化的背景下，城市群已成为国家或地区发展的主要动力，是国家或地区参与全球竞争和国际分工的重要地域单元。在推进中国新型城镇化和经济社会发展中，城市群发挥着越来越重要的作用。

2016 年 3 月，国家"十三五"规划关于城市群的建设发展提出，提升东部地区城市群，建设京津冀、长三角、珠三角世界级城市群，提升山东半岛、海峡西岸城市群开放竞争水平。培育中西部地区城市群，发展壮大东北地区、中原地区、长江中游、成渝地区、关中平原城市群，规划引导北部湾、山西中部、呼包鄂榆、黔中、滇中、兰州—西宁、宁夏沿黄、天山北坡城市群发展，形成更多支撑区域发展的增长极。其中，北部湾城市群背靠祖国大西南、毗邻粤港澳、面向东南亚，是我国沿海沿边开放的交汇地区，在我国与东盟开放合作中具有重要战略地位。

2017 年 1 月，国务院批复同意《北部湾城市群发展规划》，为北部湾城市群建设发展迎来了战略性新机遇，也提出了新的要求。在中国特色社会主义进入新时代的背景下，寻求城市群城镇化与生态环境的协调发展，促进城镇化与生态环境协调统一、和谐共生，是实现北部湾城市群可持续发展的迫切需要。

二、研究意义

在全球资源不断减少和环境危机日益严重的情况下，以提高资源利用率，缓解资源短缺与环境污染压力，实现可持续发展目标已成为世界各国的普遍共识。城镇化是一个复杂的系统工程，不仅表现为农村人口向城镇的集聚和转化，也表现为空间上城镇土地规模的扩张，经济上农业经济向非农经济的转变，人的生活方式由农村生活向城镇生活的转变。城镇化进程不仅涉及人口向城镇集聚和城市经济社会发展的问题，还涉及自然资源的开发利用和生态环境保护与建设的问题。

20 世纪 60 年代以来，城镇化进程中导致的生态环境污染问题成为全球关注的重大问题。城镇化的快速发展对经济社会的发展起到关键的促进作用，但也产生了一系列的生态环境问题，特别是废水、废气、固体废弃物、烟尘、粉尘等污染物的大量排放导致了环境污染的加剧和生态的恶化，使城镇化的健康持续发展面临严峻的挑战。城镇化的发展既有因新技术的推广使用、资源和能源利用率的提高而改善生态环境的促进效应，也有因占地面积、污染物排放、能源消耗的增加，而加大生态环境压力的胁迫效应。

进入新时代，城镇化依然是区域经济发展的最大动力和潜力，但既不能以牺牲环境为代价追求城镇化的快速发展，也不能因为环境资源约束大而放弃城镇化发展，而应寻求城镇化与生态环境协调发展的路径，实现城镇化的健康可持续发展。城镇化作为人类活动的重要结果，城镇化发展的不同阶段对环境污染的影响也具有不同的规律和特征，揭示城镇化与生态环境的相互作用和调控机制，是城市可持续发展研究的深化，具有重要的理论和现实意义。

城镇化与生态环境的协调，是提高创新驱动发展能力，促进城市产业结构优化升级，打破资源的束缚，实现城市经济持续快速发展，提高新型城镇化质量的重要途径。城市群不仅是以一两个中心城市为核心、空间上集中分布的一群城市，更重要的是城市群各城市间在城镇功能布局和城市经济发展方面能够实现合作共赢,在公共服务供给和基础设施建设方面能够实现共建共享,在资源的开发利用和生态环境的建设保护方面能够实现统筹协调。《国家新型城镇化规划》提出,以城市群为推进城镇化的主体形态,完全符合全球化背景下的城镇化一般规律,符合我国资源环境承载能力的基本特征。

北部湾城市群是国务院批复同意建设的国家级城市群,其范围包括广西壮族自治区的南宁市、北海市、钦州市、防城港市、玉林市、崇左市,广东省的湛江市、茂名市、阳江市,海南省的海口市、儋州市、东方市、澄迈县、临高县、昌江黎族自治县。随着经济的快速发展和城镇化进程的加快,城镇化与生态环境之间的矛盾日益明显,在推进城镇化进程中保护好生态环境,实现两者的协调发展,将是促进北部湾城市群持续协调发展的关键。

本书以北部湾城市群为研究对象,综合经济学、生态学、环境科学等学科的理论和方法,借鉴国内外相关研究成果,在论述城镇化与生态环境的互动效应及协调发展机制的基础上,利用定性和定量相结合的分析方法,分析了北部湾城市群城镇化及生态环境协调发展的现状及特点,重点对北部湾城市群城镇化与生态环境协调发展进行横向和纵向的对比研究,并提出北部湾城市群城镇化与生态环境协调发展的调控模式和调控对策。研究的成果不仅对推进城镇化与生态环境相互作用理论与实践体系的研究进程、丰富协调发展的理论体系具有重要意义,也对推动北部湾城市群乃至其他地区城市群的城镇化与生态环境协调发展具有重要的实践意义。

第二节

基本概念

一、城市与城市群

城市是"城"与"市"的组合词。"城"主要是为了防卫,并且用城墙等围起来的地域。《管子·度地》说"内为之城,内为之阙"。"市"则是指进行交易的场所,"日中为市"。城市的起源从根本上来说,有因"城"而"市"和因"市"而"城"两种类型。城市的出现,是人类走向成熟和文明的标志,也是人类社会进步的具体表现。它是生产力发展到一定阶段的必然产物,是人类赖以生存的重要空间之一。城市既是人类聚居的主要场所,又是工业、交通、商业、金融、信息业等分布的集中点,是各种经济活动因素在地理上大规模集中的结果。

城市群一般指的是在一定区域内,依托一定的自然环境条件,以一个或两个特大城市为核心,由若干个城市组成,相互间密切联系的城市群体。经济全球化大背景下,城市群已成为区域经济发展中最具活力和潜力的增长点,是国家和地区参与全球竞争与国际分工的新型地域单元。关于城市群的概念,一般认为,城市群思想萌芽于 19 世纪末英国学者埃比尼泽·霍华德(Ebenezer Howard)1898 年所著的《明日的田园城市》,书中针对英国出现的农村人口不断向城市集中、城市畸形发展,农村地区因人口流失而进一步衰退的现象,提出了新型城市体系的构建设想,即建设一种把城市生活的优点同乡村的美好环境和谐地结合起来的田园城市。当城市人口增长达到一定规模时,就要建设另一座田园城市。若干个田园城市,环绕一个中心城市布置,形成城市组群——社会城市,遍布全国的将是无数个城市组群。

现代意义上的城市群概念由法国地理学家戈特曼(Jean Gotteman)1957 年在《城市群:美国东北海岸的城市化》一文中提出来,意指"巨大的多中心城市区域"。他提出一连串的城市区域通过集聚作用相互结合在一起,形成紧密的联系,而每一个这样的城市集聚区都会围绕着一个城市核心发展,这样形成的区域经济体系叫做城市。他认为城市群将成为城市发展的高级阶段,是城市经济发展的未来趋势。他的观点引起了地理学者和城市规划实践者的重视。

国内学者姚士谋(1998)将城市群定义为:在特定的地域范围内具有相当数量的不同性质、类型和等级规模的城市,依托一定的自然环境条件,以一个或两个超大或特大城市作为地区经济的核心，借助于现代化的交通工具和综合运输网的通达性，以及高度发达的信息网络，发生与发展着城市个体之间的内在联系，共同构成一个相对完整的城市群区。[①]

肖金成、袁朱（2007）认为：所谓城市群是在特定的区域范围内云集相当数量的不同性质、类型和等级规模的城市，以一个或两个特大城市为中心，依托一定的自然环境和交通条件，城市之间的内在联系不断加强，共同构成一个相对完整的城市集合体。[②]

方创琳（2011）认为：城市群是指在特定地域范围内，以一个特大城市为核心，由至少三个以上都市圈（区）或大城市为基本构成单元，依托发达的基础设施网络，形成的空间组织紧凑、经济联系紧密，并最终实现同城化和高度一体化的城市群体。[③]

综合以上观点，关于城市群的概念，可以概括为：在一定的区域范围内，不同性质、类型和规模的多个城市，以一个或两个特大城市作为核心，借助于现代化的交通工具、综合运输网及信息网络，共同组成的城市群体。城市群作为城镇化的高级形态，一般具有较高的经济社会发展水平。城市群具有如下独特的内涵：[④]

第一，城市群是一个地域概念，表现为在特定地域范围内的城市群体，是多个城市的集合体。城市群通常是以大都市为核心城市，通过交通网络或经济社会的联系而形成的具有特定范围的连续区域。城市群又不仅仅是多个城市在邻近空间或地域上的简单罗列，关键还体现"集成"特征，即城市、产业、公共设施之间具有内在有机的联系。

第二，城市群是不同等级规模的城市相互联结而形成的城市网络体系。城市群区别于单个城市的主要特征是各城市之间存在强烈的交互作用，其

① 姚士谋. 关于城市群基本概念的新认识 [J]. 现代城市研究, 1998 (6): 15 - 17.
② 肖金成, 袁朱. 中国将形成十大城市群 [N]. 中国经济时报, 2007 - 03 - 29 (5).
③ 方创琳. 中国城市群形成发育的新格局及新趋向 [J]. 地理科学, 2011 (9): 1025 - 1034.
④ 谭啸. 中国城市群发展的区域比较分析——基于产业集群与城市群关联发展视角 [D]. 沈阳: 辽宁大学, 2012: 13 - 15.

中，中心城市是在经济、社会、文化发展等方面均处于主导地位的城市。中心城市一般表现出突出的"单核""双核""多核心"等结构，分别承担不同的功能和发挥相应的能量，对带动城市群的整体发展有着举足轻重的作用。

第三，城市群是以完善的协调机制和区域治理结构为基础的经济体。城市经济的本质是集聚经济，城市群则表现为更大规模、更强作用力度的集聚经济，不仅表现在区域经济中的经济总量上，还表现在人口规模、产业结构、经济密度等方面。完善的协调机制和区域治理结构是判断现代一体化意义城市群的重要标准。

第四，城市群的形成是产业分工与产业链之间协作化网络趋于合理的过程。城市群作为城镇化的主体形态和区域经济发展的主体依托，承载了区域发展相应的战略目标、任务和路径。城市群自身具备强的竞争力，可以更好地带动区域整体经济的快速发展。

二、城 镇 化

关于城镇化的概念，最早由西班牙城市规划设计师依勒德丰索·塞尔达（A. Serda）1867 年在著作《城镇化的基本理论》中提出，他认为城镇与农村是对称的，除了农村居民点以外，镇及镇以上的各级居民点都属于城镇地区，既包括城市，也包括乡镇。

关于城镇化的具体含义，不同学科的不同学者由于研究角度的差异而有不同认识，至今尚未形成一个统一的定义。城市地理学者从地域空间组织变化的角度，认为城镇化是地球表面某一地域内，城市性状态逐渐扩大和发展的过程，是国家或区域空间系统中的一种复杂社会过程。人口学者认为，城镇化是指农村人口逐渐转变为城市人口的现象和过程，在城镇化的过程中，人口由分散的乡村向城市集中，居住在城市地区的人口占总人口的比重不断上升。经济学者则认为，城镇化是各种非农产业发展的经济要素向城市集聚的过程，它不仅包括农村劳动力向城市第二、第三产业的转移，还包括非农产业的投资、技术、生产能力在城市的集聚，以及城镇化与产业结构非农化同向发展。人类学者从社会规范的角度，认为城镇化是人类生产方式由低级向高级转变的过程，人类生活从农村生活方式向城市生活方式的发展、质变的过程。

综上所述，城镇化的内涵包含人口城镇化、经济城镇化、空间城镇化、社会城镇化等四个方面的内容，并且这四个方面是互相联系、互相促进的关系。

第一，人口城镇化。人口城镇化是城镇化最直接的表现形式之一，主要是指农业人口转化为非农业人口，农村劳动力由低产出效率的第一产业向高产出效率的城市第二产业和第三产业转移，城市聚集人口不断扩大的过程。人口城镇化过程是城镇人口不断增加，城镇人口在总人口中的比重逐步提高的动态过程。人口城镇化的程度是衡量一个国家或地区经济、社会、文化、科技等发展水平的重要标志，是人类社会进步必然要经过的过程。

第二，经济城镇化。经济城镇化是城镇化发展的基础，城镇化是经济不断发展的过程，是经济发展的动能。随着城镇化的推进，经济规模不断扩大，经济发展水平不断提高，经济门类更加齐全，经济结构不断优化，非农业活动比重逐步上升，农业活动比重逐渐下降。经济城镇化的发展过程，使城市的产业结构不断由低级向高级演进，由第一产业转向第二、第三产业，第二、第三产业的比重不断提高，第一产业的比例逐步下降。

第三，空间城镇化。空间城镇化是城镇化空间形态的具体表现，城镇化过程中人口的集聚和非农业经济的发展，伴随着一个重要的特征就是农村区域向城市区域、农村景观向城市景观转变的过程，非城市地域逐渐转化为具有以集中、高密度为特征的城市性地域，区域中城镇数量增加，空间规模扩大和密度提高。

第四，社会城镇化。社会城镇化实质是生产方式和生活质量的城镇化，伴随着人口、经济、空间的城镇化进程深入推进，人们的生产、生活方式，行为习惯和价值观念等都会发生转变，是城市文明不断发展、并向农村地区渗透及传播的过程，也是人口素质不断提高的过程。

三、生态环境

关于生态环境的概念，目前还没有形成统一的定义。一般意义上，生态是指生物之间和生物与周围环境之间的相互联系、相互作用。环境泛指地理环境，大致可分为自然环境、经济环境和社会文化环境等。国内对生态环境基本上有四个方面的理解：[①] 一是认为生态不能修饰环境，通常说的生态环境应该理解为生态与环境，即是两个独立概念的并列；二是当难以区分某问题或某事物是生态还是环境时，则可理解为生态或环境；三是按照生态一词的本义，将生态用为褒义形容词修饰环境，认为生态环境不应包括环境污染和其他不良的环境；四是生态环境既包括生态也包括环境，应是中性词，即生态环境包括污染和其他的环境问题。

生态环境是包括人在内的生命有机体的环境，是生命有机体赖以生存、发展、进化的各种生态因子和生态关系的总和，由生态系统和环境系统中的各个子要素共同构成，是影响人类生存与发展的水资源、土地资源、矿产资源、生物资源等资源的数量与质量的总称，是关系到社会和经济持续发展的复合生态系统。该系统各子系统之间、各成分之间以及系统内外存在着相互作用、相互影响的关系，发生着物质的输入、输出和能量的交换，为人类以及其他生物的生存和发展提供了有益的物质与能量。

城市生态环境就是我们所置身的城市空间存在，由城市自然生态环境与城市人工生态环境两部分组成。城市自然生态环境包括城市地质地貌、气候与大气、水资源、动植物等方面；城市人工生态环境包括城市建筑物、基础设施，科教文卫社会服务等方面。城市生态环境应具备以下基本功能：[②]

---

① 程中海. 绿洲经济增长与生态环境关系研究——基于新疆贸易视角的实证研究与理论架构 [D]. 石河子：石河子大学，2013：10 - 11.

② 李华刚. 长沙市城市化与生态环境协调发展研究 [D]. 武汉：湖北大学，2014：9 - 11.

第一，调节功能。如海洋、湖泊和河流等水域能调节气候、降水，保持当地的湿度和降雨量。森林周围的水域中，大量的降雨通过树木被蒸发和转移，返回到大气中，然后又以雨的形式降回到周围的区域。

第二，净化功能。主要是指大气、森林、草原等生态环境要素，能吸收空气中的废气、烟尘、粉尘等污染物，缓解人类对环境的污染，起到净化城市环境的作用。

第三，空间功能。主要是指生态环境为人类和其他生物提供了栖息场所，共生共长，适应生存和发展的要求。在人类生产生活的干扰与压力下，生态环境表现的特性与人类息息相关。

四、协调发展

协调是系统之间或系统组成要素之间在发展过程中相互作用、相互配合，达到和谐一致的一种状态。发展是系统或系统组成要素本身从简单到复杂、从低级到高级、从无序到有序的进步变化、不断更新的过程，发展过程中既有量的变化，又有质的变化。

由此可知，协调是系统之间一种良好的关联，而发展是系统本身的一种演化过程；协调发展是一种强调整体性、综合性和内在性的发展聚合，它不是单个系统或要素的"增长"，而是多系统或要素在协调这一有益的约束和规定之下的综合发展。①

协调发展追求的是一种整体提高、结构优化、共同发展的美好前景。②具有以下特征：

第一，协调发展是以生态环境的承载力阈值为限的发展。城市的发展应以这一阈值为限，实现协调持续的发展。如果城市的发展超过了这一阈值，

---

① 满强. 长春市城市化与生态环境协调发展研究 [D]. 长春：东北师范大学，2007：20 - 23.
② 廖重斌. 环境与经济协调发展的定量评判及其分类体系——以珠江三角洲城市群为例 [J]. 热带地理，1999（2）：171 - 177.

将会引发能源消耗大、环境污染严重等一系列城市生态环境问题，这是一种不协调、不可持续的发展。

第二，协调发展是城镇化与生态环境的共同发展。城市的发展不能以牺牲生态环境为代价，也不能走"先污染后治理"的老路；保护生态环境也不能无视城镇化的发展，应该为城镇化发展服务，不能单纯地为了保护而保护。协调发展兼顾了城镇化和生态环境的发展，是两者共同的发展。共同发展是协调发展的前提，否则会出现发展失衡，要么是城镇化发展了，但生态环境问题严重；要么是生态环境保护得很好，即生态环境质量好，自然资源丰富，但城镇化发展水平很低。

第三，协调发展是一个动态的过程。动态是指系统的状态随着时间的推移不断地变化，影响系统的各要素也总是不断地变化，只要这种变化没有超出系统总体的调节能力，整个系统仍维持原有的状态；如果变化过大，超过系统总体的调节能力，就会打破旧的比例结构关系，引起系统变动，系统会在新的基础上建立新的协调。① 协调的理想状态是系统在各级结构上都处于最佳的比例结构，但这种理想状态是难以达到的。城镇化与生态环境组成的系统，从不协调到协调，从原来的协调到新的协调都需要一定的时间，经历一定的阶段，因而城镇化与生态环境的协调发展是一个动态的过程。

---

① 蔡平. 经济发展与生态环境的协调发展研究［D］. 乌鲁木齐：新疆大学，2004：14－15.

第二章

理论基础与文献综述

第一节

理论基础

一、可持续发展理论

（一）可持续发展思潮的形成

可持续发展理论的形成经历了相当长的历史过程。20 世纪六七十年代，人们在经济增长、城镇化、人口、资源等所形成的环境压力下，对西方近代工业文明的发展模式和道路产生了疑虑，传统的发展模式给人类造成了资源短缺、土地沙漠化、环境污染、物种灭绝和森林面积大量减少等各种困境和危机。因此，人们逐渐认识到这种传统的发展模式是不可持续的，需要重新进行评价和反思。所以，寻求一种可持续发展的道路，才是人类社会发展明智的选择。

1972 年，联合国在瑞典的斯德哥尔摩召开了人类历史上第一次以环境为主题的大会，即联合国人类环境会议，在会议的讨论中提出并使用了"合乎环境要求的发展""无破坏情况下的发展""生态的发展""连续的或持续的发展"等概念，并通过了《联合国人类环境宣言》。该宣言指出：

"为了在自然界里取得自由，人类必须利用知识在同自然合作的情况下建设一个较好的环境。为了这一代和将来的世世代代，保护和改善人类环境已经成为人类一个紧迫的目标。这个目标将同争取和平及全世界的经济与社会发展，这两个既定的基本目标共同和协调地实现。"

1980 年，联合国大会首次使用了"可持续发展"概念。1987 年，世界环境与发展委员会公布了题为《我们共同的未来》的报告，提出了可持续发展的战略，标志着一种新发展观的诞生。《我们共同的未来》的报告，第一次阐述了"可持续发展"的概念，把可持续发展定义为"持续发展是在满足当代人需要的同时，不损害人类后代满足其自身需要的能力"。

1992 年 6 月，在巴西里约热内卢召开的联合国环境与发展大会上，经过与会多方的交换观点和反复讨论，世界对于可持续发展才基本达成了共识，大会通过的《里约宣言》和《21 世纪议程》等重要文件，也赋予了可持续发展具体的思想内涵和切实的行动计划，大大拓展了可持续发展的内容，标志着可持续发展思想的形成。

2007 年，联合国森林论坛（UNFF）第七届会议通过了《国际森林文书》，形成了森林对实现千年发展目标的国家行动和国际合作框架。2015 年 8 月，联合国 193 个成员通过了《变革我们的世界：2030 年可持续发展议程》，确立了全球可持续发展的基本要素和原则。

我国的城市环境保护 1973 年正式列入政府的议事日程。1988 年，我国第一次成立了直属于国务院的国家环保局。在 1984 年的第 38 界联合国大会上，中国著名生态学家马世骏成为世界环境与发展委员会的委员。在《我们共同的未来》中，我国第一次在正式文件中提出了可持续发展的概念，并将它定义为："可持续发展是既满足当代人需要，又不对后代人满足其需要的能力构成危害的发展。"1992 年，由国家计划委员会和国家科学技术委员会牵头，编制完成了《中国 21 世纪议程——中国 21 世纪人口、环境与发展白皮书》，提出了促进我国经济、社会、资源、环境、人口以及教育相互协调的可持续发展的整体战略和措施方案，成为指导我国国民经济和社会发展中长期计划的指导性文件。2015 年 4 月和 9 月，中共中央、国务院先后印发《关于加快推进生态文明建设的意见》《生态文明体制改革总体方案》，对生态文明建设作出顶层设计，"努力走向社会主义生态文明新时代"旗帜鲜明，首次提出"坚持把培育生态文化作为重要支撑"。

（二）可持续发展的内涵

可持续发展是指既满足当代人的需要，又不对后代人满足其需要的能力构成危害的发展。可持续发展包括可持续性和发展两个方面，可持续性表明要在发展过程中实现经济、社会、生态环境等方面的长久而可持续的发展；发展要求实现经济、社会、生态环境等各方面全面、协调发展，二者是可持续发展的两个基本要素，缺一不可。可持续发展具有丰富的内涵，包括共同发展、协调发展、公平发展、高效发展和多维发展。[①]

第一，共同发展。地球可以看作是一个复杂的巨大系统，每个国家或地区都是这个巨大系统中不可分割的子系统。整体性是系统最根本的特征，系统中每个子系统都和其他子系统相互联系、相互作用。可持续发展追求的是系统整体的、协调的发展，即每个子系统的共同发展。

第二，协调发展。可持续发展源于协调发展，包括经济、社会、环境三大系统的整体协调，也包括世界、国家和地区三个空间层面的协调发展，还包括一个国家或地区经济与人口、资源、环境、社会以及内部各个阶层的协调发展。

第三，公平发展。公平发展包含时间、空间两个纬度：一是时间纬度上的公平，当代人的发展不能以损害后代人的发展能力为代价；二是空间纬度上的公平，一个国家或地区的发展不能以损害其他国家或地区的发展能力为代价。

第四，高效发展。可持续发展的效率既包括经济意义上的效率，也包含着自然资源和环境的损益。可持续发展的高效发展是指人口、经济、社会、资源、环境等协调统一下的高效率发展。

第五，多维发展。可持续发展是一个综合性、全球性的概念，要考虑到

---

① 李龙熙. 对可持续发展理论的诠释与解析［J］. 行政与法，2005（1）：3-7.

不同地域实体的可接受性，各国与各地区在实施可持续发展战略时，应该从国情或区情出发，走符合本国或本地区实际的，走多样性、多模式的可持续发展道路。

（三）可持续发展的主要内容

可持续发展涉及可持续经济、可持续生态和可持续社会三方面的协调统一，要求人类在发展中讲究经济效率、关注生态和谐和追求社会公平，最终达到人的全面发展。在人类可持续发展系统中，生态可持续发展是发展的物质前提和空间基础，是可持续发展的必要条件；经济可持续发展是发展的最基本任务和条件，是可持续发展的核心；社会可持续发展是可持续发展的最终目的，其核心是实现人的全面发展。[①]

一是经济可持续发展。经济发展是衡量一个国家或地区综合实力和社会财富的重要标准。可持续发展应鼓励经济增长，而不是以环境保护为名取消经济增长。可持续发展不仅重视经济增长的数量，更追求经济发展的质量。可持续发展要求改变传统的以"高投入、高消耗、高污染"为特征的生产模式和消费模式，提高经济效益、节约资源和减少废弃物排放。

二是生态可持续发展。可持续发展要求经济建设和社会发展以资源的承载力为依托，要与资源的承载能力相协调，即在追求经济效益的同时，不仅要保护好生态环境不受破坏，还要改善和提高生态环境的自我净化能力，强调了发展是有限制的，没有限制就没有持续的发展。生态可持续发展强调生态环境的保护，要通过转变发展模式，从发展的源头上，根本解决环境问题，既包括人与自然资源利用之间的协调，也包括人类发展与生态环境系统维持之间的协调。

三是社会可持续发展。可持续发展理论强调社会公平是发展的内在要素，是环境保护得以实现的机制和目标。可持续发展的本质在于改善人们的

---

① 蒋政. 宁夏中卫市城市化与生态环境耦合机制研究 [D]. 北京：中央民族大学，2015：26 – 27.

生活质量，提高人们的生活水平，努力营造一个自由、平等、公正、和谐的社会环境。可持续发展的社会应该是一个全民积极参与的社会，在人类可持续发展系统中，经济和生态的可持续发展是基础，社会的可持续发展是目的，核心是实现人的全面发展，最终的目标是实现"自然—经济—社会"复合系统的持续稳定健康发展。

（四）可持续发展理论对城镇化与生态环境协调发展的理论支撑

可持续发展是建立在社会公正和生态环境可持续前提下的经济发展，它一方面要求当代人在资源环境的承载力范围内发展经济，提高物质生活和精神文化生活水平；另一方面需要人类保护赖以生存的大气、水、土地、森林等生态资源，保证子孙后代能够得到永续利用。① 可持续发展的核心是达到"经济—生态—社会"三个系统的协调发展。

城市是人口、建筑和经济资源最为集中的地方，城市中人类与地理环境的相互作用、相互影响关系最为紧密。城镇化进程是一个消耗各种资源而使经济得到发展、社会得到进步的过程，使人类的需求在不同层次得到满足和实现。城镇化的快速发展会造成生态环境恶化，而生态环境恶化反过来也影响到城市经济的可持续发展。根据人地关系理论，在一定区域范围内，生态环境的承载能力是有限的，要实现城镇化与生态环境的协调发展，使城市得到可持续的发展，需要遵循可持续发展的理念，使城镇化进程的可持续推进和生态环境的可持续发展有机结合，做到两者齐头并进、共同发展，不能舍弃任何一方。在经济发展上，城市要提高经济活动的效益，经济增长的方式要由粗放型向集约型转变，发展循环经济，实施清洁生产和低碳消费；在生态环境方面，城镇化进程要与生态环境承载能力相协调，城市发展的同时必须保护和改善生态环境，提高生态环境的自我调节能力；在社会公平方面，城市的发展要为全社会营造一个良好的生活、工作和休闲环境，使每个居住

---

① 吴晨兰. 石家庄市城市化与生态环境协调发展研究 [D]. 石家庄：石家庄经济学院，2012：14 – 15.

在城市里的人都能共享改革发展的成果。[①]

城镇化与生态环境的协调发展并不是永远协调或绝对协调的理想状态，而是相对的、动态的协调。城镇化与生态环境在实践中的协调不能时刻达到两者的同时、同步发展，一般只能做到相对协调发展，并且相对协调发展应该是在资源承载能力和环境容量许可的范围内。不同的经济发展阶段、不同的国家和地区在发展城镇化与生态环境方面具有自身的特性，体现出协调发展的阶段性和地域性。

二、循环经济理论

（一）循环经济理念的产生与发展

循环经济理念是在全球人口剧增、资源短缺、环境污染和生态蜕变的严峻形势下，人类重新认识自然界、尊重客观规律、探索新经济规律的产物。

1962 年，美国经济学家鲍尔丁在《宇宙飞船经济学》一书中，从生态经济的角度提出了循环经济的概念，受当时发射的宇宙飞船启发来分析经济发展。鲍尔丁认为，宇宙飞船是一个孤立的独立系统，靠不断消耗自身资源存在，资源耗尽将自行毁灭，唯一延长寿命的方式是实现资源循环。鲍尔丁将地球经济系统比做太空中的一艘宇宙飞船，地球只有循环利用资源，才能得以长存，持续发展下去。他提出的这种新经济思想，是对传统经济学"最大限度开发自然资源"的质疑，是循环经济思想的萌芽。

1970 年，美国举行"地球日"大游行，标志着人类开始高度关注环境污染问题。1972 年，罗马俱乐部发表的以丹尼斯·米都斯为主笔的《增长的极限》，首次向世界发出警告："如果让世界人口、工业化、污染、粮食生产和资源消耗方面按现在的趋势继续下去，这个行星上的增长的极限有朝

---

① 何为. 江苏省城市化与生态环境耦合关联分析［D］. 徐州：江苏师范大学，2014：17 – 18.

一日将在今后一百年中发生。"① 在 20 世纪 70 年代，循环经济的思想主要还是先行者的一种超前理念，并没有引起普遍的关注。同时，世界各国重点考虑的问题是污染之后如何治理的问题，即所谓的末端治理。

20 世纪 80 年代，人们对发展循环经济有了进一步的认识。在理论研究上，人们对经济发展与环境保护的关系进行了更加深入和全面的研究。在政策上，各国环境保护逐渐由源头预防取代末端治理模式。1987 年，时任挪威首相的布伦特兰夫人在《我们共同的未来》中，第一次提出可持续发展理念，并阐述了可持续发展的含义："既满足当代人的需要，又不对后代人满足其需要的能力构成危害的发展"，这个观点得到各国广泛的重视。

1994 年，德国正式颁布了《物质闭合循环与废弃物管理法》，标志着"循环经济"一词在法律文本上的首次出现。该法的目的是使德国的垃圾管理应进行重新利用或用来生产能量，适应可持续发展的要求。

1978 年改革开放以来，中国经济持续快速增长，但生产过程中资源和能源消耗强度大、污染物和温室气体排放强度高的重化工产品的消耗量大幅度增长。20 世纪 90 年代以来，中国工业化日益发展引起了环境的严重污染，人口增加和经济持续快速增长，资源能源供给瓶颈与环境污染的矛盾日益突出，资源供给和环境保护压力已经成为制约经济可持续发展的主要因素。此时，人们才意识到传统经济增长模式与环境的尖锐矛盾，开始探索生态环境与经济协调发展的有效途径，发展循环经济越来越受到国家和地方政府的重视。

21 世纪以来，循环经济作为一种着眼于解决经济增长与资源消耗、环境污染之间的矛盾，促进协调可持续发展的理念得到了越来越多人的认可和赞同。

(二) 循环经济的内涵

循环经济是相对于传统经济而言，在尊重自然规律、经济发展规律的基

---

① 薛冰. 区域循环经济发展机制研究 [D]. 兰州：兰州大学，2009：26 - 35.

础上，旨在解决经济发展过程中面临的人口剧增、资源短缺、环境污染和生态恶化等问题提出的一种新的经济形态和经济发展模式，是可持续发展理念的具体体现。循环经济要求把人、自然资源和科学技术充分结合，使资本、劳动力、自然资源等在经济流程中不断循环，把清洁生产和废弃物的综合利用融为一体，实现在物质不断循环利用的基础上发展经济，能够满足人类生存环境的友好化、物质基础的丰富化、全体社会成员的公平与利益最大化。循环经济要求把经济活动组织成一个"资源—产品—再生资源"的反馈式流程，所有的物质和能源要在这个流程中得到持续、合理的利用，最大限度地提高资源的配置效率，最大程度降低对自然环境的影响，实现经济系统、环境系统和人类社会系统的良好互动和协调发展。

循环经济运用生态学的思想构建人类社会经济活动，是实现可持续发展的重要模式。国家发改委对循环经济的定义：循环经济是一种以资源的高效利用和循环利用为核心，以减量化、再利用、资源化为原则，以低消耗、低排放、高效率为基本特征，符合可持续发展理念的经济增长模式，是对大量生产、大量消费、大量废弃的传统增长模式的根本变革。循环经济包括三个方面的内涵：[①]

第一，循环经济是资源高效利用和生态可持续发展的经济增长模式。它是一种以资源高效和循环利用为核心，以生态产业链为发展载体，以清洁生产为重要手段，最终实现物质资源的有效利用和经济与生态可持续发展的经济发展模式。

第二，循环经济倡导的是一种与环境和谐的经济发展模式。它可以更有效地利用资源并保护环境，以尽可能小的资源消耗，获取尽可能大的经济社会效益，从而使经济系统与自然生态系统的物质循环过程相互和谐，促进资源永续利用。

第三，循环经济本质上是一种生态经济。它遵循生态学和经济学原理及

---

① 吴晨兰. 石家庄市城市化与生态环境协调发展研究［D］. 石家庄：石家庄经济学院，2012：15 – 16.

其基本规律，实现经济发展过程中物质和能量循环利用，以环境友好的方式利用自然资源和环境容量，保护环境和发展经济，以更小的代价、更高的效率，实现经济活动的生态化。

（三）循环经济的运行原则

1. 减量化原则

循环经济的"减量化"原则是在生产和消费的源头上尽量减少资源的消耗，要求减少进入生产和消费流程的物质量，用最少的原料和能源投入来达到既定的生产目的或消费目的，尽可能地减少资源消耗和废弃物的产生，最大限度提高资源利用效率。减量化原则要求产品的包装应该追求简单朴实以达到减少废物排放的目的。人们在消费中要变过度消费为适度消费、理性消费和绿色消费，选择包装简单的物品，购物时自备购物袋，以减少垃圾处理的压力和对自然资源利用的压力。

2. 再利用原则

循环经济的"再利用"原则要求产品多次使用或经修复、翻新后能继续使用，最大可能延长产品的生命周期，防止产品过早地成为废弃物。在生产中，就是将废物直接作为产品，或经过修补、翻新再继续使用。制造商可以使用标准尺寸进行零部件设计，避免更换整个产品。在消费中，倡导节约，反对浪费，减少对一次性用品的利用，最大限度地用尽产品和服务的使用价值，将物品作为废弃物之前，能返回市场体系或转给别人使用。

3. 资源化原则

循环经济的"资源化"原则要求生产出来的物品在完成其使用功能后能重新变成可以利用的资源，变废为宝、化害为利，二次进入市场或生产过程。就是将废品回收和综合利用，既减少资源的消耗，又减少污染物的排放。

资源化的途径主要有两种，一种是原级资源化，就是将消费者废弃的物品资源化后再生利用。比如：废钢铁生产钢铁，废易拉罐再生易拉罐，废纸生产再生纸；另一种是次级资源化，就是将废弃物转化成其他产品的原料和新的产品。比如，电厂粉煤灰用于生产建材产品、筑路和建筑工程，制糖厂生产中产生的蔗渣作为造纸厂的生产原料，城市生活垃圾用于发电等。

（四）循环经济的基本特征

1. 循环经济的本质特征

循环经济是以资源的循环利用为本质特征，本质上是一种生态经济，要求把经济活动组成一个"自然资源开发——物品生产、消费或废弃物再利用——废物再生资源"的反馈式流程，最后达到"低开采、高利用、低排放"的目的，从根本上缓解资源、环境与经济发展之间的矛盾。

2. 循环经济的技术特征

从循环经济的技术特征上看，循环经济要求通过技术处理对生产和生活中产生的废弃物进行无限次的循环使用，提高资源的利用效率，减少生产过程中资源和能源的消耗，同时尽可能地减少污染排放。在微观层面上，发展循环经济要求企业在纵向上延长生产链条，从生产产品延伸到废旧品的回收和重复利用；在横向上加快技术改造升级，将生产中产生的废弃物进行回收利用或无害化处理；在中观层面上，发展循环经济要求园区内相关企业之间形成供应链关系，即一企业生产中产生的废弃物成为另一企业的原材料或中间产品；在宏观层面上，发展循环经济要求整个社会再生资源体系实现网络化运转，资源跨产业循环利用，即实现再生资源的产业化、社会化运作。[①]

3. 循环经济的运行特征

循环经济是由众多子系统构成的复杂系统，各个子系统之间相互促进又相互制约，每个子系统按照自己的运行方式发挥独自功能，通过协调平衡各个子系统，才能发挥整体系统的最大效应。[②] 循环经济的运行是在三个层面

---

① 李杨. 循环经济发展中的金融支持问题研究 [D]. 青岛：中国海洋大学，2006：16 - 21.

② 刘毅. 区域循环经济发展模式评价及其路径演进研究——以天津滨海新区为例 [D]. 天津：天津大学，2011：31 - 41.

上逐渐推进的，即由小循环的单个企业试验点到中循环的生态工业园区，最后到大循环的循环经济型社会。

（五）循环经济理论对城镇化与生态环境协调发展的理论支撑

运用循环经济的理论发展经济必须保证对自然资源的保护和合理的开发利用，它解决了城镇化发展进程必须保护生态环境以及如何保护生态环境的重要问题，为城镇化和生态环境协调发展提供了必要的理论基础。循环经济遵循生态学的基本原理和基本规律，在协调发展城镇化与生态环境的进程中，提供了有效的发展规律，就是摒弃"生产过程末端治理"，做到对影响环境的污染物进行源头预防。在城镇化进程中使用循环经济理论就不会偏离正确轨道，不会对生态环境的可持续发展造成破坏。循环经济发展措施的执行，在实践中保证城镇化和生态环境的协调发展具有重要的作用。[①]

三、生态城市理论

（一）生态城市理论的产生与发展

随着经济的发展，日益严重的热带雨林遭到砍伐、生物物种加速消亡、酸雨肆无忌惮的扩散、温室效应等各种全球性生态危机，使得人类的生存环境面临着日益严峻的挑战，人本主义思想的盛行促使人们产生回归自然的强烈愿望，科学技术迅速发展也产生了负面影响，如交通堵塞、环境污染、生态恶化等，生态城市的发展可以减少此类问题的发生。

生态城市的许多思想与理念来自于霍华德（Howard. E）的"田园城市"理论。19世纪末英国社会活动家霍华德提出的关于城市规划的设想，在他的著作《明日：一条通向真正改革的和平道路》中提出应建设一种兼有城

---

① 吴晨兰. 石家庄市城市化与生态环境协调发展研究［D］. 石家庄：石家庄经济学院，2012：15－16.

市和乡村优点的理想城市，他称之为"田园城市"，即为健康、生活以及产业而设计的城市，它的规模能足以提供丰富的社会生活，但不应超过这一程度。

生态城市的概念于20世纪70年代，由联合国教科文组织发起的"人与生物圈"（MBA）研究计划中首次提出来。该计划指出，要从生态学的角度来研究城市，生态城市是城市生态化发展的结果，是社会和谐、经济高效、生态良性循环的人类居住环境，是自然、城市与人融合为一个有机整体所形成的互惠共生结构。城市是一个以人类活动为中心的人类生态系统。对生态城市的概念学者们众说纷纭，一直没有明确的界定。许多专家学者从不同的角度做过阐述。

苏联学者亚尼茨基（Oleg Yanits）综述了20世纪70年代众多学者研究成果后，系统阐述了"生态城市"的基本构想，指出生态城市作为人类未来的居住区，社会与生态过程将以尽可能完善的方式得到协调，生态城市发展过程包括五个阶段：基础研究、应用研究、规划设计、设施建设和社会结构转型，将是社会科学、自然科学、工程技术等领域跨学科合作与知识融合的过程。[①] 同一时期，美国学者理查德·雷吉斯特（Register Richard）更多地从城市规划与建设效果角度强调生态城市就是"生态健康城市"，其在空间上是紧凑有序的，便于人类活动，充满活力，寻求的是人与自然的健康和谐发展；在能源与资源利用上是节约高效的，能够与自然环境相协调。[②]

20世纪80年代，生态城市迅速成为国际学术界的研究热点，生态城市规划与建设实践也纷纷在各有关国家相继开展，举行了多次国际生态城市会议。1992年，在第二届国际生态城市会议上，建筑师唐顿（P. F. Downton）提出，生态城市就是在人类社会内部及人与自然之间实现生态上的平衡，而

---

① 奥列格·雅尼茨基. 走向生态城：知识与实践相结合的问题 [J]. 国际社会科学（中文版），1984，1（4）：103 – 114.

② Richard Register. Eco-city Berkeley：Building Cities for a Healthy Future. Berkeley：North Atlantic Books，1987.

且应包括道德伦理和人们对城市进行生态修复的一系列计划；2008 年，在国际生态城市会议上提出："生态城市是生态健康的城市，我们所生活的城市必须实现人与自然的和谐共处，最终实现可持续发展。生态城市的发展要求在生态原则上全面系统地理解城市环境、经济、政治、社会和文化间复杂的相互作用关系。城市、乡镇和村庄的设计应以促进居民身心健康、提高生活质量和保护其赖以生存的生态系统。"①

我国对生态城市的研究起步相对比较晚，王如松、马士骏（1984）提出了"社会—经济—自然"复合生态系统的理论，明确指出城市是典型的"社会—经济—自然"复合生态系统。② 我国城市规划专家黄光宇（1997）认为：生态城市是根据生态学原理，综合研究"社会—经济—自然"复合生态系统，并用生态工程、社会工程、系统工程等现代科学与技术手段而建设的社会、经济、自然可持续发展、居民满意、经济高效、生态良性循环的人类居住区，包含社会生态化、经济生态化、自然生态化、"社会—经济—自然"复合生态化等方面的含义。③ 陈予群（1997）认为：生态城市是指在一个城市的行政区域内，从城市所属地区的自然资源情况出发，以人与自然的和谐为核心，以城市生态环境作为制约因素，以促使城市经济持续发展为前提，使生产力的提高有利于城市建设协调发展的人工复合系统。④

关于生态城市的概念，不同的专家有不同的看法，但总体来说都肯定了生态城市是城市可持续发展的高级模式，是以资源环境条件为基础，以经济发展水平为条件下的城市健康有序可持续发展的高级阶段。随着研究的不断深入，在生态城市的内涵中，除了原有的社会、环境、生态等因素外，还增加了城市规划和管理等其他影响生态城市建设的因素。⑤

---

① Katarina Werder, Klaudia Wojtkowiak. Decision Making, in a Sustainable City A Case Study of Chicago [D]. Land University, 2014：4.

② 马世骏，王如松. 社会—经济—自然复合生态系统 [J]. 生态学报, 1984（1）：35 – 61.

③ 黄光宇，陈勇. 生态城市概念及其规划设计方法研究 [J]. 规划研究, 1997（6）：17 – 20.

④ 陈予群. 生态城市建设的思路与对策 [J]. 生态经济, 1997（3）：15 – 19.

⑤ 曹瑾，唐志强. 国外生态城市理论与实践研究进展及启示 [J]. 经济研究导刊, 2015（11）：104 – 107.

（二）生态城市的基本特征

生态城市是一个以人为主导、以自然环境系统为依托、以资源流动为命脉的经济、社会、环境协调统一的复合系统。具有以下特征：[①]

第一，和谐性。生态城市的和谐性，不仅反映在人与自然的关系上，更重要的是体现在人与人的关系上。生态城市是营造满足人类自身进化所需要的环境，拥有强有力的互帮互助的群体，富有生机与活力。

第二，高效性。生态城市提高一切资源的利用效率，物质、能量得到多层次分级利用，废弃物循环再生，各行业、各部门之间注重协调联系。

第三，持续性。生态城市是以可持续发展思想为指导，兼顾不同时间、空间合理配置资源，公平地满足现代与未来在发展和环境方面的需要，保证其发展的健康、持续和协调性。

第四，整体性。生态城市不是简单追求环境优美或自身的繁荣，而是兼顾社会、经济、环境三者的整体效益，不仅重视经济发展与生态环境协调，更注重人类生活质量的提高。

第五，区域性。生态城市是建立在区域平衡基础上的，城市之间是相互联系、相互制约的，只有平衡协调的区域才有平衡协调的生态城市。

生态城市的形成是社会文明进化的结果，它也将随着社会的发展而发展，是一个协调、和谐的进化过程，不是强调发展的数量和速度，而是重视发展的质量及要素间的协调、平衡。

生态城市的建立应是一种人力资本占主体的"内在化"的知识经济，在知识生产和基本物质生产中注重提高一切资源的利用效率，废弃物循环再生，各行业、各部门之间的共生关系协调，从根本上解决资源短缺及资源可持续开发利用问题，实现以最少量的能源、资源投入和最低限度的生态环境代价，为社会生产最多、最优质的产品，为人们提供最充分、最有效的

---

① 鲁敏，李英杰. 生态城市理论框架及特征标准［J］. 山东省青年管理干部学院学报，2005（1）：117 – 120.

服务。①

(三) 生态城市理论对城镇化与生态环境协调发展的理论支撑

生态城市理论是城镇化与生态环境协调系统的经济发展的指导思想。城镇化的发展战略，必须遵循经济活动高效、低耗的原则，与生态环境协调发展，强调经济发展的同时如何实现资源环境的综合利用和可持续发展。生态城市理论提出了城镇化的正确评价途径，城镇化进程的成功不能单单看经济发展是否成功，还需要评价城镇化进程中生态环境的发展是否跟上了经济的发展、是否因为经济的发展而遭到了破坏。此外，发展生态城市，经济系统的各个层面都将会对城市经济体产生各种影响，并最终彻底改变传统经济发展模式，从而促进资源的高效利用，实现城市经济的健康可持续发展。

产业是现代城市存在和发展的基础，也是城市经济发展的源动力，同时还是实现城镇化与生态环境协调发展的有效途径。产业结构的变化是社会结构最基本的变化之一，是影响生态环境系统协调发展的有效途径。产业的发展状况不仅直接决定了城市的经济发展水平，而且对城市社会、文化、环境等各个方面都产生深刻的影响。调整优化产业结构，改善产业发展模式，使产业生态化发展，是建设生态城市的关键所在，是城市实现可持续发展的必要条件。产业生态化为我们研究城镇化和生态环境协调发展提供了良好的借鉴作用，是现实工作中解决城镇化发展和生态环境遭到破坏之间矛盾的非常有效的办法，是实现可持续发展的良好思路和实现方法。

四、清 洁 生 产 理 论

(一) 清洁生产理论的形成

20 世纪六七十年代，发达国家经济得到快速发展，由于忽视对工业污

---

① 陈勇. 生态城市理念解析 [J]. 城市发展研究，2001 (1)：15 – 19.

染的防治致使环境污染问题日益严重，生态环境受到严重破坏，环境污染事件不断发生，对人体健康造成极大危害，社会反映非常强烈。环境问题逐渐引起各国政府的极大关注，为了减轻生态环境的压力，采取了加大环境保护投资、建设污染控制和处理设施、制定污染物排放标准、实行环境立法等措施，以控制和减少生态环境污染问题。这种对环境污染相继采取的末端治理方式，取得了一定的成绩，并被广泛采用和实践。但是通过十多年的实践发现，这种仅着眼于末端治理的方式，使污染物排放达到排放标准的做法，虽然可以减少废弃物的排放量，但不能减少原材料的投入，也不能影响核心工艺的改变，未能从根本上解决环境污染的问题，使人们开始对环境污染治理进行战略性调整。随后，污染预防、无废技术、环境友好技术等环境保护手段相继被发达国家尝试，取得了良好的环境效益、经济效益和社会效益。人们也意识到要从生产的源头开始预防污染物的产生，要将环境保护的理念贯穿于整个产品生产的过程。

20 世纪 80 年代末，联合国环境规划署提出了清洁生产的战略规划，并在全球范围内推行清洁生产，建立清洁生产中心，开展清洁生产研讨会。随后经济合作和开发组织（OECD）采取了税收优惠等不同措施鼓励清洁生产工艺技术的使用。1995 年以后，经济合作与发展组织国家将保护环境战略由工艺转向产品，引进了产品生命周期分析，来确定产品生命周期中可以减少投入或替代原材料的阶段，以及怎么样使废弃物处理费用最小化。这种战略有效地引导各国政府去思考更具想象力的途径来开展清洁生产。清洁生产是人们思想和观念的一种转变，是环境保护战略由被动反应向主动行动的一种转变。

（二）清洁生产的内涵

关于清洁生产的定义，联合国环境规划署对清洁生产的定义为："清洁生产是一种新的创造性的思想，该思想将整体预防的环境战略持续应用于生产过程、产品和服务中，以增加生态效率和减少人类及环境的风险。"清洁生产是持续改进的动态预防行为，要求在生产过程中节约原材料和能源，淘汰有毒原材料，降低所有废弃物的数量和毒性，要求减少从原材料使用到产品的最终处置的全生命周期的不利影响，要求将环境因素纳入设计和所提供的服务中，其目的是减少对人类生存环境的危害和风险。

《中国 21 世纪议程——中国 21 世纪人口、环境与发展白皮书》中认为，清洁生产指不仅能满足人类自身生存发展需要，而且还是合理利用自然资源和能源并保护环境的实用生产方法和措施，其实质是在人类生产活动中实现材料和能源消耗最少，通过规划和管理，将废弃物减量化、资源化和无害化，或消除在生产过程之中。

《中华人民共和国清洁生产促进法》指出，清洁生产是指不断提高技术设计，使用清洁能源和原料，采用先进技术和设备，改善管理，从源头上减少污染，提高资源利用效率，在生产、服务和使用过程中减少或者避免污染物的产生和排放，以减少或者消除对人类健康的危害。

以上关于清洁生产定义的提法，分别从清洁生产的不同方面进行了描述，但其基本内涵是相同的，即对产品和生产过程采取预防污染的战略，以减少污染物的产生。

（三）清洁生产的目标

清洁生产的基本目标就是提高资源利用效率，减少或消除污染物的产生，保护和改善生态环境，促进经济、社会、自然的协调和可持续发展。清洁生产的目标主要包括以下方面：[1]

第一，合理利用资源，减缓资源的枯竭，利用节能、降耗、节水等措施，促进经济发展过程中资源的综合利用、短缺资源的代用、二次能源的利用，以达到提高资源利用率，减少资源耗竭的目标。

第二，减少污染物的排放，使产品生产与环境相容，生产过程中减少甚至消除废物和污染物的产生和排放，促进清洁产品生产和产品消费过程与生态环境相容，减少整个产品生命周期内对人类和环境的危害。

---

[1] 张志宗. 清洁生产效益综合评价方法研究［D］. 上海：东华大学，2011：7 - 20.

第三，健全环境管理体系，实现环境效益、经济效益与社会效益的统一。环境管理体系是企业或其他组织的管理体系的一部分，用来制定和实施环境方针、管理环境因素。企业要建立切实有效的环境管理体系，使环境污染控制和污染物排放达到环境保护标准，实现环境、经济与社会的协调持续发展。

（四）清洁生产的特征

清洁生产一方面要实现资源和能源利用的最优化，另一方面强调对环境的危害最小化，是生产者、消费者和社会三方利益最大化的体现。从本质上看，清洁生产是对产品生产过程采取全程预防的生产方式，在满足人类需要的同时，达到减少或消除对生态环境危害的目的，是实现社会经济效益最大化的生产方式。相对于环境污染的末端治理方式，清洁生产有两个方面的特征：①

一方面，清洁生产是对传统末端治理方式的革新，是一种全新的发展战略。它有效回避了末端治理成本高、二次污染、资源浪费等问题，要求不断采取改进设计，采用先进的工艺技术与设备，从源头削减污染，实现对污染物的预防和对生产全过程的控制，提高资源利用效率。

另一方面，清洁生产是一个积极防御的战略，完全改变了以往被动滞后的环境污染控制手段，强调在产品及其生产过程和服务中减少废弃物的产生和对环境的危害，要求在污染物产生之前就开始预防削减。

（五）清洁生产理论对城镇化与生态环境协调发展的理论支撑

清洁生产理论是工业发达国家在对经济发展造成的环境问题进行反思而提出的源头治理、预防为主的发展战略，要求在生产过程和产品及服务中坚持全程预防的环保战略，以减少对生态环境的破坏，提高生态效率。

第一，清洁生产体现预防为主的生态环境战略，要求从产品的设计，到原材料的选择、工艺技术的利用，以及废弃物的回收利用、运行过程的管理

---

① 王晶. 鄱阳湖生态经济区产业生态化研究 [D]. 南昌：江西财经大学，2013：12 – 23.

等各个环节，都应努力提高资源的利用率，减少乃至消除污染物的产生。清洁生产理念与实现城镇化与生态环境的协调发展目标是一致的。

第二，清洁生产体现集约型的经济增长方式，是提高经济增长质量和效益的有效途径和客观要求。实现城镇化与生态环境的协调持续发展，要改变以牺牲生态环境为代价的粗放型的经济发展模式，走内涵式发展道路，最大限度地提高资源利用率，保障资源的永续利用，减少对生态环境的污染和人类健康的危害。

第三，清洁生产体现了环境效益、经济效益、社会效益的统一。传统的末端治理，投入多、运行成本高、治理难度大，只有环境效益，没有经济效益；清洁生产可以减轻产品生产与消费过程对环境的污染，可以改善企业与环境管理部门之间的关系，最终结果是企业管理水平、生产工艺技术水平得到提高，资源得到充分利用，环境从根本上得到改善，能够调动企业防治污染的积极性，有利于提高企业的环保形象，这也是城镇化与生态环境协调发展在微观上的体现。

清洁生产是可持续发展战略下的一场新革命，是工业生产发展的新的主要方向。随着理论研究和实践深入发展，清洁生产不仅影响着生产过程、产品和服务，更影响着社会经济、消费行为等社会生活各个领域。清洁生产将成为城镇化与生态环境协调发展过程中的一个重要手段和实现形式。清洁生产实施的深度和广度，直接影响着城镇化与生态环境协调发展的水平。

第二节

文献综述

一、国外研究文献综述

在国外，从 19 世纪末开始，城镇化与生态环境协调发展问题就进入了学者们的研究视野，特别是城镇化过程中引发的生态环境恶化问题，更是学者们关注的焦点。1898 年，英国学者霍华德（E. Howard）针对当时城市发展面临的贫困、拥挤和环境恶化等问题，提出了建设"田园城市"的构想，试图从规划理想城市来协调城镇化与生态环境间的发展问题，成为国外最早关注城市生态问题的学者之一，在规划学界引起了广泛的关注。英国生物学家盖迪斯（P. Geddes）在 1904 年和 1915 年相继出版了《城市开发》和《进化中城市》两本著作，试图将生态学的原理和方法融入对城市、综合生态环境和城镇规划的研究中去，首次提出了集合城市的概念，并开始有意识地对城市与生态环境的关联发展提出自己的见解。[①]

美国学者帕克（R. E. Park）于 1916 年和 1925 年分别发表了题为《城市：环境中人类行为研究的几点建议》及《城市》的论文，他将生物群落的理论和规律应用于城市环境的研究，意味着城镇化问题也引起了生态学界的高度重视，并使研究和重点由城镇化外部生态问题转向城市内部社会空间结构和土地利用问题。从此，生态学研究方法成为研究城镇化和生态环境协调发展问题的主流。1938 年，美国学者芒福德（Lewis Mum ford）指出，人类社会与自然界的有机体一样，必须与周围的自然环境、社会环境在供求上积极地相互平衡，才能持续发展。1962 年，美国学者 R. 卡逊（Rachel Carson）在《寂静的春天》一书中全面而深刻地揭露了工业化进程对生态环境的污染和破坏，倡导工业发展要注重减少对生态环境的污染和破坏，可以说它是人类首次关注环境问题的著作，从此带动了世界各国学者积极关注研究城市生态环境问题。1971 年联合国教科文组织（UNESCO）发起的"人与生物圈"（MAB）计划是首次在全球范围内开展城市与人类生态的研究课题，开始将城市作为人类生态系统来研究，唤起了国际学术团体和非官方组织对城镇化与生态环境关系开展广泛的研究。

1972 年是人类绿色反思的标志性年份。罗马俱乐部的研究报告《增长

---

① Patrick Geddes 著，倪文彦等译. 进化中的城市［M］. 北京：中国建筑工业出版社，1989：23－76.

的极限》向人们发出警示：地球资源是有限的，如果人类社会继续追求物质生产方面的既定目标，它最后会达到地球上的许多极限中的某一个极限，而后果可能是人类社会的崩溃和毁灭。同年，Goldsmith 的《生命的蓝图》对城镇化过程中的生态危机作了大量的描述与预测，唤醒人们对城镇化带来的环境问题的高度重视。

20 世纪 80 年代，生态城市理论成为国内外当代城市研究的新热点，城镇化与生态环境关系的研究进入了一个活跃发展时期，国内外学者在地理学、社会学、生态学等多学科中对此展开了广泛研究，生态城市的理论体系得到不断的丰富和完善。1980 年，第二届欧洲生态学学术会议以"城市生态系统"为主题，从城市活动对生态系统影响、城市居住区大生态系统特征和人类聚居对生态系统的影响等方面进行了研究和探讨。① 1986 年，国际森林研究联盟（IUFRO）在卢布尔雅那建立了"城市森林"计划工业小组，并开展了城镇化对森林的危害寻求解决方法的研究。1987 年，苏联学者亚尼茨基（O. Yanitsky）提出了理想状态的生态城镇模式，理想的生态城镇模式应该满足以下原理：第一，技术水平与自然环境得到充分融合；第二，人类的生产和创造能力得到最大发挥；第三，人们的身心健康和城市的环境质量得到最大限度保护；第四，按照生态学原理建立"社会—经济—环境"协调发展以及"物质—能量—信息"高效利用的理想人类居住地。②

20 世纪 90 年代，城镇化与生态环境协调发展问题的研究呈现多元化的特点。1990 年，美国生态学家理查德·瑞杰斯特（Richaud Rgeister）出版了《生态城市：贝克莱》，指出一个理想的生态城市应该具有六点特征，并提出"生态结构革命"的倡议和生态城市建设十项规划。③ 英国学者皮尔斯（David W. Pearce）围绕可持续发展和全球性环境问题，根据城市发展的不

---

① 宋永昌. 第二届欧洲生态学学术讨论会和第十届德国生态学年会 [J]. 植物生态学与地植物学丛刊, 1981（2）：151 – 156.

② 亚尼茨基, 夏伯铭. 社会主义都市化的人的因素 [J]. 国外社会科学文摘, 1987（10）：19 – 22.

③ 理查德. 瑞杰斯特, 王如松, 胡聆译. 生态城市——建设与自然平衡的人居环境 [M]. 北京：社会科学文献出版社, 2002：127 – 128.

同阶段，分析所出现的资源环境问题，提出了著名的城市发展阶段环境对策模型。① 1995 年，美国经济学家格罗斯曼（Grossman）和克鲁格（Krueger）用计量经济学方法，对 42 个发达国家的数据进行实证，揭示了随着城市经济水平的提高，城市生态环境质量呈现倒 U 形的演变规律，提出了著名的环境库兹涅茨曲线假设。② 1996 年，麦克拉伦（Macharen）从城镇化与生态环境可持续发展的角度提出了可持续发展的综合评价应该遵循复杂性原则、远见性原则、分配性原则、普遍性原则等四项原则。③

进入 21 世纪，这一阶段是城镇化与生态环境协调发展思想体系的拓展阶段。GIS 技术、系统动力学模型、BT 神经网络模型等新的技术和数理统计方法等不断被运用于城镇化与生态环境关系的研究，使城镇化与生态环境协调发展研究进入了一个新的发展阶段。2001 年，布琳（Bryn）和马克（Mark）提出，城市建设要以保护环境、维持生态平衡和社会和谐以及宜人居住为先决条件，建设一个高效、健康、公正的城市社会；④ 杰弗里（Jeffrey）等从生态学的角度，对俄勒冈州和华盛顿西部地区城镇化引起的土地利用与土地覆被变化的生态意义进行了评价。⑤

2003 年，AI – Kharabsheh 运用数值模拟等方法对城镇化与地表水质量作定位跟踪研究。⑥ 2004 年，迪普拉彻斯（Deplazes）等在城镇化引发的生物多样性消失问题方面，分析了城镇化对城市野生生物的多重影响。⑦

---

① D. W. Pearce. Economics of Natural Resources and the Environment ［M］. New York：Harvester Wreathes，1990：215 – 289.

② Grossman G. Krueger A. Economic Growth and the Environment ［J］. Quarterly Journal of Economics，1995（110）：353 – 377.

③ Maclaren V W. Urban sustainability reporting ［J］. Journal of the American Planning Association，1996，62（2）：185 – 202.

④ Bryn S，Mark J. Sustainable energy and urban form in China：the relevance of community energy management ［J］. Energy Policy，2001（1）：55 – 65.

⑤ Jeffrey D K，Alissa M，Ralph J A. Integrating Urbanization into Landscape-level Ecological Assessments ［J］. Ecosystems，2001（4）：3 – 18.

⑥ Atef Al – Kharabsheh，Rakad Taány. Influence of Urbanization on Water Quality Deterioration During Drought Periods at South Jordan ［J］. Journal of Arid Environments，2003（53）：619 – 630.

⑦ Petor Deplazes. Wilderness in the City：The Urbanization of Echinococcus Multilocularis ［J］. Trends in Parasitology，2004，20（2）：77 – 84.

2006 年，麦金尼（McKinney）探讨了城镇化对生物均质性的作用与影响，认为城市动物种群增多，而乡村动物种群减少。[①] 2008 年，Jiunn－Der Duha 等人构建了用水质量指数和空气质量指数来研究城市化进程对水环境和空气环境的影响，并提出相关对策来解决大城市中城市化与环境关系的矛盾。[②]

2009 年，莱因哈德（Reinhard）等从城市的生产、交通和基础设施等方面估算城市化对资源环境的影响，并得出各部门对资源环境的需求与压力还依赖于各自的生产能力和生产特性；[③] 汤卡（Tonkaz T）等以土耳其的半干旱地区为例，对城镇化和土地利用类型对极端气温的影响进行了研究。[④]

二、国内研究文献综述

国内关于城镇化与生态环境协调发展问题的研究，起步比国外晚，从 20 世纪 80 年代起，站在生态学的角度，马世骏（1984）提出"社会—经济—自然"复合生态系统，开创了城市生态学的新理论。[⑤]

（一）城镇化与生态环境相互关系研究

王如松（1988）提出城市生态系统的自然、社会、经济结构与生产、生活还原功能的结构体系，认为区域内城市是在生态环境正负反馈因子的

① McKinney M L. Urbanization as a major cause of biotic homogeni-zation [J]. Biological Conserva-tion, 2006, 127 (3)：247－260.

② Jiunn－Der Duh, Vivek Shandas, Heejun Chang. George. Rates of urbanization and the resiliency of air and water quality [J]. Science of the Total Environment 2008, 400 (1)：238－256.

③ Reinhard Madlener, Katharina Kowalski, Sigrid Stag1. New ways for the integrated appraisal of na-tional energy scenarios：The case of renewable energy use in Austria [J]. Energy Policy, 2009, 35 (12)：6060－6074.

④ Tonkaz T, Cetin M. Effects of urbanization and land use type on monthly extreme temperatures in a developing semi-arid region [J]. Arid Environments, 2009, 68 (1)：143－158.

⑤ 马世骏. 社会—经济—自然复合生态系统 [J]. 生态学报, 1984 (1)：1－9.

交替作用下不断成长，城市成长与生态环境之间存在着反馈和限制性机理。[1] 车秀珍、尚金城、陈冲（2001）认为快速的城镇化进程必将与土地、水及生态环境产生冲突，日益紧缺的资源条件以及发展中产生的环境问题已成为中国城市发展的制约因素，危及城市的可持续发展；为从根本上解决我国城市化进程中的环境问题，应在城市化决策过程中进行 SEA，即在城市化决策的各个层次前瞻性地考虑政策、规划、计划及其替代方案的环境影响，有助于提高政府的市场宏观调控的决策质量和实施可持续发展。[2]

黄金川、方创琳（2003）分析了城市化与生态环境的交互耦合机制，采用代数学和几何学两种方法对环境库兹涅茨曲线和城市化对数曲线进行逻辑复合，推导出城市化与生态环境交互耦合的数理函数和几何曲线，揭示出区域生态环境随城市化的发展存在先指数衰退、后指数改善的耦合规律；交互耦合的过程分为低水平协调、拮抗、磨合和高水平协调四个阶段。[3] 乔标等（2005）认为整个城镇化过程就是城镇化的各个层面与生态环境的综合协调、交互胁迫的耦合发展过程。在这一过程中，城镇化与生态环境协调发展系统的演化周期将经历低级协调共生、协调发展、极限发展和螺旋式上升四个阶段。[4] 陈晓红等（2011）认为城市化与生态环境相互作用是在产业、规划、社会、政策等多种调控机制的共同作用下协调发展的。[5]

（二）城市群城镇化与生态环境协调发展的研究

宋建波、武春友（2010）以长江三角洲城市群为例，构建了城市化与

---

① 王如松. 高效和谐——城市生态调控原理和方法 [M]. 长沙：湖南教育出版社，1988.

② 车秀珍，尚金城，陈冲. 城市化进程中的战略环境评价初探 [J]. 地理科学，2001（6）：554－557.

③ 黄金川，方创琳. 城市化与生态环境交互耦合机制与规律性分析 [J]. 地理研究，2003（2）：211－220.

④ 乔标等. 城市化与生态环境协调发展的动态耦合模型及其在干旱区的应用 [J]. 生态学报，2005（11）：3004－3009.

⑤ 陈晓红等. 城市化与生态环境协调发展的调控机制研究 [J]. 经济地理，2011（3）：489－492.

生态环境发展水平的评价指标体系，运用主客观相结合的方法确定了城市化与生态环境各指标的权重，对长三角城市群 16 个城市的城市化与生态环境发展水平进行了计算，并测算了城市化与生态环境的协调发展程度，依据测度结果将 16 个城市划分中度协调发展类城市化滞后型、中度协调发展类生态环境滞后型、勉强协调发展类城市化滞后型、中度失调衰退类城市化滞后型等四种发展类型。①

罗能生、李佳佳、罗富政（2014）在对城镇化和生态环境指数综合评价的基础上，通过耦合协调度模型定量分析长株潭城市群城镇化与生态环境的耦合关系及其演变趋势，结果表明：长株潭的城镇化综合指数呈现不断上升趋势，但生态环境综合指数变化趋于平缓，长株潭的耦合协调度和耦合度都呈现不断上升趋势。②

崔木花（2015）以中原城市群 9 市为例，基于耦合协调度模型，研究其城镇化与生态环境耦合协调关系。结果表明：中原城市群 9 市城镇化与生态环境的总体协调发展水平偏低，除郑州外，其余 8 市城镇化水平均滞后于生态环境水平，可划分为"城镇化与生态环境良好协调发展，生态环境滞后型""城镇化与生态环境中度协调发展，城镇化滞后型""城镇化与生态环境低度协调发展，城镇化滞后型"等 3 种类型。③

孙黄平、黄震方、徐冬冬等（2017）综合运用耦合协调度模型、空间自相关、地理探测器等方法对 2002～2014 年泛长三角城市群城镇化与生态环境耦合协调度的空间特征及驱动机制展开分析。研究表明：泛长三角城市群城镇化与生态环境耦合度呈"上升—稳定—下降"的倒 U 形曲线变化，协调度保持上升趋势，并呈现出中部高南北低，东部高西部低的空间分布趋势；耦合协调度存在显著的空间集聚性特征，形成了以苏南

① 宋建波，武春友. 城市化与生态环境协调发展评价研究——以长江三角洲城市群为例 [J]. 中国软科学，2010（2）：78－87.

② 罗能生，李佳佳，罗富政. 城镇化与生态环境耦合关系研究——以长株潭城市群为例 [J]. 湖湘论坛，2014（1）：47－52.

③ 崔木花. 中原城市群 9 市城镇化与生态环境耦合协调关系 [J]. 经济地理，2015（7）：72－79.

为核心的热点区和以皖北为核心的冷点区，且存在明显的时空异质性；并从优化布局、科技创新、社会公平、宏观调控等四个方面提出了对策建议。①

方创琳、任宇飞（2017）在解析城市群地区城镇化与生态环境之间近远程耦合关系的基础上，借助城市能值代谢方法，分析了1980～2014年京津冀城市群地区城镇化与生态环境近远程耦合代谢效率及环境压力。结果表明：京津冀城市群地区总代谢能值呈上升趋势，经历了由近程要素主导向远程要素主导的转变过程，城市群发展对远程要素的依赖程度越来越大；近远程要素能值代谢强度加速下降，体现出京津冀城市群经济效率不断提高，社会福利水平逐步提高；近远程要素能值代谢的环境负荷率不断提升，环境压力不断增大。②

（三）省域城镇化与生态环境关系协调发展的研究

刘耀彬（2006）根据城市化与生态环境耦合含义及规律，在灰色关联技术的支持下，构建了耦合系统评价指标体系和评价模型，对江苏省的实证分析揭示出该省城市化与生态环境交互作用的主要因素，并探讨它们耦合作用的时空特征。研究表明：江苏省城市化与生态环境的耦合总体上表现在城市化对生态环境的胁迫作用和生态环境对城市化的约束作用两方面，耦合强度的变化呈现出先大后小，再变大的U形形状，耦合度分布基本符合南北空间分异的规律。③

杜江、刘渝（2008）以EKC模型为基础，选取1998～2005年中国30个省域的面板数据，研究了6类污染物排放量与城市化的关系，结果表明，工业废水排放量、工业废气排放量、工业SO_2排放量、工业固定废弃物产生

①　孙黄平，黄震方，徐冬冬等．泛长三角城市群城镇化与生态环境耦合的空间特征与驱动机制［J］．经济地理，2017（2）：165－171．

②　方创琳，任宇飞．京津冀城市群地区城镇化与生态环境近远程耦合能值代谢效率及环境压力分析［J］．中国科学，2017（7）：833－844．

③　刘耀彬．区域城市化与生态环境耦合特征及机制——以江苏省为例［J］．经济地理，2006（5）：456－462．

量等 4 类污染物指标与城市化之间存在倒 U 形曲线关系，工业烟尘排放量、工业粉尘排放量与城市化存在正 U 形关系。[①] 王家庭、王璇（2010）以废水排放总量作为环境污染的衡量指标，以 EKC 模型为基础，对中国 2004 ~ 2008 年 28 个省域城市化与环境污染关系的研究表明，城市化与环境污染间存在倒 U 形曲线关系。[②]

许宏等（2011）在探讨云南省城镇化水平与生态环境的协调发展层次后，认为在经济发展、城镇化进程加快的同时，应转变经济增长方式，调整产业结构，走新型工业化之路，建设节约型社会，实现城镇化与生态环境的协调发展。[③] 丁翠翠（2014）以工业废水排放总量作为衡量环境污染的指标，运用 1999 ~ 2011 年的中国省级面板数据，对中国城镇化的环境污染影响效应进行研究，发现两者间的倒 U 形曲线关系不显著。[④] 李水平、张丹（2014）对湖南省 10 个市区城镇化分别与工业废水排放总量、工业废气排放总量、工业烟尘排放总量等 6 种不同污染物之间的关系进行了研究，结果显示，湖南省城镇化与 6 类污染指标呈现了 N 形、倒 U 形和倒 N 形等多种不同的关系。[⑤]

张荣天、焦华富（2015）以中国省域单元为例，构建城镇化和生态环境系统评价指标体系，运用 PCA 模型测算城镇化及生态环境系统综合值，通过耦合协调模型来揭示 2000 ~ 2012 年省际城镇化和生态环境系统耦合协调空间演化规律。结果表明：中国省际城镇化与生态环境系统耦合协调度呈现上升态势，耦合度总体处在磨合阶段，系统协调度总体处于中度耦合协调

① 杜江，刘渝. 城市化与环境污染：中国省际面板数据的实证研究 [J]. 长江流域资源与环境，2008（11）：825 – 830.

② 王家庭，王璇. 我国城市化与环境污染的关系研究——基于 28 个省市面板数据的实证分析 [J]. 城市问题，2010（11）：9 – 15.

③ 许宏等. 区域城市化与生态环境耦合规律及协调发展研究——基于云南省的实证 [J]. 云南财经大学学报，2011（4）：133 – 139.

④ 丁翠翠. 中国城镇化、居民消费对环境污染的影响效应——基于省际面板数据的实证研究 [J]. 河北经贸大学学报，2014（4）：47 – 50.

⑤ 李水平，张丹. 湖南省城镇化与环境污染的库兹涅茨曲线 [J]. 系统工程，2014（1）：152 – 158.

状态；省际城镇化与生态环境耦合协调具有显著地域空间分异，东部地区整体上高于中西部地区。①

刘伯龙（2015）等通过构建2001～2010年中国省级面板数据，利用改进的STIRPAT模型，研究了城镇化推进对雾霾污染的影响。② 谭俊涛、张平宇、李静等（2015）构建城镇化与生态环境评价体系，评价2000～2012年吉林省城镇化和生态环境综合发展水平及两者耦合协调度。结果表明：吉林省城镇化综合水平呈持续增长态势，生态环境综合水平呈波动上升趋势，耦合协调度呈持续增长趋势，从基本不协调发展为高级协调，由城镇化滞后型转化为生态环境滞后型。③

凌立文、余平祥（2016）基于广东省2005～2013年所构建的城镇化和生态环境的评价指标体系，进行实证分析，表明城镇化水平呈现快速上升趋势，而生态环境水平则存在区域间的发展差异。运用耦合协调度模型计算，表明广东省4个城市于2009年进入基本协调区间；结合灰色预测模型对2011～2018年的耦合协调度进行预测，结果显示广东省将率先进入高度协调区间，但粤西地区则呈现明显的落后趋势。④

高新才、杨芳（2016）基于2005～2013年西北四省（区）的面板数据，利用耦合协调度模型揭示了西北四省（区）城镇化与生态环境耦合协调状态的演变特征，并通过回归模型分析了耦合协调度的影响因素。结果显示：随着城镇化水平和生态环境质量的提升，西北四省（区）均进入了城镇化与生态环境协调发展阶段，其城镇化与生态环境总体上呈现出互补互适的特征，由城镇化滞后型转变为生态环境滞后型，在对耦合协调度的贡献

① 张荣天，焦华富.中国省际城镇化与生态环境的耦合协调与优化探讨［J］.干旱区资源与环境，2015（7）：12-17.
② 刘伯龙，袁晓玲，张占军.城镇化推进对雾霾污染的影响——基于中国省级动态面板数据的经验分析［J］.城市发展研究，2015（8）：23-27.
③ 谭俊涛，张平宇，李静.吉林省城镇化与生态环境协调发展的时空演变特征［J］.应用生态学报，2015（12）：3827-3834.
④ 凌立文，余平祥.广东省城镇化与生态环境耦合水平分析与预测［J］.西北农林科技大学学报（社会科学版），2016（7）：138-146.

中，生态环境的作用大于城镇化的作用。[①]

邓晓兰等（2017）分别以 SO_2 排放总量和工业废气排放总量表征环境污染水平，利用我国 30 个省域 2002～2013 年的数据，采用动态面板模型，考察了城镇化与环境污染的关系，结果表明，城镇化与环境污染之间的倒 U 形关系不明显，但正向效应明显。[②]

（四）市域城镇化与生态环境关系协调发展的评价研究

杨士弘（1994）根据协同论的原理构建了"经济—环境"系统协调评价指标体系，探讨广州城市环境与经济协调发展问题。[③] 许抄军（2009）根据我国 277 个城市 1997～2006 年的面板数据，构建了城市规模—环境质量模型，研究表明我国城市规模与环境质量曲线关系为正 N 形。[④] 孜比布拉·司马义等（2011）以新疆阿克苏市为例，构建了城镇化与生态环境协调发展的综合指标体系，运用层次分析法计算了城镇化与生态环境的协调度。[⑤]

张云峰、陈洪全（2011）以南通、盐城、连云港三市 2000～2009 年统计数据为基础，分别从人口、经济、空间、社会城镇化和生态环境压力、状态、响应等层面构建了城镇化与生态环境协调发展的综合评价指标体系，利用协调发展模型对其演化趋势进行了量化分析。结果表明：城镇化指数逐步提高，生态环境指数表现为波动上升趋势，城镇化与生态环境协调发展度指数表现出多样化的等级类型，两者之间的交互作用逐步走向适应与协调。[⑥]

---

① 高新才，杨芳. 西北地区城镇化与生态环境耦合协调度测度 [J]. 城市问题，2016（12）：26－33.

② 邓晓兰，车明好，陈宝东. 我国城镇化的环境污染效应与影响因素分析 [J]. 经济问题探索，2017（1）：31－37.

③ 杨士弘. 广州城市环境与经济协调发展预测及调控研究 [J]. 地理科学，1994（4）：136－143.

④ 许抄军. 基于环境质量的中国城市规模探讨 [J]. 地理研究，2009（3）：792－801.

⑤ 孜比布拉·司马义等. 阿克苏市城市化与生态环境综合水平协调度评析 [J]. 地理研究，2011（3）：496－504.

⑥ 张云峰，陈洪全. 江苏沿海城镇化与生态环境协调发展量化分析 [J]. 中国人口·资源与环境，2011（3）：113－116.

　　刘超、林晓乐（2015）结合熵值法和协调理论构建协调度评价模型，以黄河三角洲各地区数据为基础，计算2013年度各个地区城镇化与生态环境的协调度；并运用系统动力学方法，基于东营市数据建立城镇化与生态环境系统的结构流图，通过仿真模拟，分析城镇化与生态环境协调度的影响因素，验证了产业结构升级有助于提高城镇化与生态环境的协调度。[①]

　　李波、张吉献（2015）以中原经济区29个地级市为研究对象，运用主成分分析法对城镇化水平与生态环境质量分别进行综合评价，并计算2003～2011年中原经济区各市的城镇化水平和生态环境质量的耦合度与耦合发展度，再用探索性空间数据分析法，对各市城镇化水平与生态环境质量耦合发展度进行时空差异分析。结果表明：各市城镇化水平与生态环境质量的耦合发展度在空间上表现出明显的局部空间自相关集聚格局，总体趋势为西北高东南低。[②] 翁智雄等（2017）以285个地级及以上城市为研究对象，分析了这些城市2004～2013年工业SO$_2$、工业废水、工业烟尘等污染物排放强度的驱动因素。[③]

（五）县域城镇化与生态环境关系协调发展的研究

　　安瓦尔·买买提明、张小雷（2010）确定了城镇化与生态环境和谐的若干关联指标，应用熵值法计算了指标权重，以模糊评价法的基本原理为指导，查出城镇化与生态环境和谐度模糊集合中各变量的隶属度，确定塔里木盆地县域城镇化与生态环境和谐度的等级并对和谐发展模式进行了分析。结果表明：塔里木盆地的城镇化综合水平呈现东部高、西部低的态势，而生态环境综合水平呈现南高北低的态势。[④]

　　① 刘超，林晓乐. 城镇化与生态环境交互协调行为研究——以黄河三角洲为例［J］. 华东经济管理，2015（7）：49-58.
　　② 李波，张吉献. 中原经济区城镇化与生态环境耦合发展时空差异研究［J］. 地域研究与开发，2015（6）：143-147.
　　③ 翁智雄，马忠玉，葛察忠等. 多因素驱动下的中国城市环境效应分析［J］. 中国人口资源与环境，2017（3）：63-73.
　　④ 安瓦尔·买买提明，张小雷. 塔里木盆地县域城镇化与生态环境和谐发展模式及调控对策研究［J］. 冰川冻土，2010（10）：1049-1057.

侯培、杨庆媛、何建等（2014）采用实证分析法和耦合度模型对重庆市 38 个区县城镇化与生态环境发展的耦合程度进行理论分析，结果显示：2011 年重庆市城镇化与生态环境发展耦合度以拮抗阶段为主，耦合协调度基本处于中度耦合型，并存在地域差异性，经济发展水平越高，城镇化与生态环境发展耦合度越高，主城区高于两翼地区。[①]

李苒（2015）构建指标体系、计算模型及判别标准对西安市 7 个农村（区）县近 1999～2013 年来两者之间的协调发展关系进行评析，结果表明：城镇化和生态环境协调发展的年份占多数，不协调的年份较少；协调发展水平逐年提高，但目前还处在初级和中级协调等级。[②]

雷梅、靳永翥（2016）研究了贵州少数民族地区 46 个市县城镇化与生态环境发展的耦合协调关系。结果表明：46 个市县城镇化与生态环境跨越耦合度低、拮抗时期、磨合时期三个阶段，区县之间差异性很大；协调度处于低度、中度协调阶段，说明两系统间相互影响处于中低程度。[③] 魏伟、颉斌斌、王雪平等（2016）运用 GIS 技术，结合城镇化与生态环境协调发展的若干关联指标，运用主成分分析法，研究确定河西地区 20 个县市城镇发展与生态环境协调程度的等级并对协调发展模式进行了分析。结果表明：河西地区的城镇化综合水平呈现轴心县市高、周围县市低的特点，生态环境综合水平呈现出明显的南高北低的态势。[④]

三、相关研究文献的述评

学者们从不同视角，用不同的方法对不同地区城镇化与生态环境协调发

① 侯培，杨庆媛，何建等. 城镇化与生态环境发展耦合协调度评价研究——以重庆市 38 个区县为例 [J]. 西南师范大学学报（自然科学版），2014（2）：80－86.

② 李苒. 县域农村城镇化与生态环境协调性评析——以西安市为例 [J]. 西北大学学报（自然科学版），2015（8）：641－644.

③ 雷梅，靳永翥. 贵州少数民族地区城镇化与生态环境耦合关系评价——以 46 个市县为例 [J]. 贵州民族研究，2016（10）：66－71.

④ 魏伟，颉斌斌，王雪平等. 河西地区县域城镇化发展与生态环境空间协调度研究 [J]. 商丘师范学院学报，2016（9）：47－53.

展问题进行了大量研究，并取得了丰硕的成果。国外学者对城镇化与生态环境关系的研究起步早，成果多，角度多元化，研究方法不断创新，并且研究范围日益拓展，研究程度也不断加深。国内学者研究起步较晚，更多的是借鉴国外的研究理论及方法，但研究的范围也不断扩大，内容也不断丰富。

从研究视角看，对城镇化与生态环境的问题引起了经济学、生态学、地理学、规划学等众多学科学者的注意，不同学科的学者分别从本学科的角度进行了相关研究，但由于学科研究的差异性及研究范围不同，得出的结论也大相径庭，并且研究导向更多是城镇化的发展引发的环境问题，反过来从生态环境出发，研究生态环境如何影响城镇化发展的文献则相对较少。

从研究的方法看，对城镇化与生态环境的问题的研究采用了多种方法，其中定量研究方法有系统分析法、层次分析法及因子分析法等，但基本是采用单一的研究方法，采用多种方法相结合的研究较少，导致得出的结论相差较大。

从研究内容看，国外学者更多以城镇化发展引起的资源枯竭、生态恶化、气候变化、物种减少、水土污染等问题为重点，目的在于唤醒人们对保护生态环境重要性的认识。国内学者则更多地以某个区域城镇化与生态环境关系协调发展规律特征、协调程度、相互作用等问题为研究重点。

北部湾城市群作为跨越广西、广东、海南三省区的城市群，国务院于2017年1月批复同意建设，是一个较新的概念。在理论层面，学者们以北部湾城市群作为研究对象的成果还很少，更多的是关于北部湾城市群范围内南宁、北海、湛江、海口等单个城市的研究。

本研究以北部湾城市群作为研究对象，借鉴了前人的理论成果和研究方法，主要用协调发展度模型及脱钩分析法，对北部湾城市群城镇化与生态环境的协调发展情况进行了横向和纵向对比分析，并提出了实现两者协调发展的调控模式和对策。

第三章

城镇化与生态环境的互动效应

城镇化的生态环境效应

城镇化与生态环境的互动效应既有积极的影响，也有消极的影响。城镇化的良性、可持续发展会对生态环境起到保护的作用，甚至会改善生态环境。相反，城镇化的盲目快速发展，将会使生态环境恶化和退化。同样，生态环境是支撑城镇化发展的重要因素，但若超出其承载能力，将会限制城镇化的进一步发展。

一、城镇化对生态环境保护的促进效应

城镇化水平的提高对生态环境保护的促进效应，不仅在资源的集约高效利用、环境污染的集中防治等方面发挥规模效应，而且在城镇化对于发挥环境教育效应、促进社会可持续发展方面也起到积极的作用。

（一）城镇化促进资源的集约利用

城镇化意味着人口向城市集中，相应的物流、资金流、技术流、信息流也向城市高度集中，促进了城市经济的集聚效应，将大大提高土地的利用效率和资源使用效率，在一定程度上缓解了生态环境的压力。随着人口的聚

集，城市的电力供应、自来水供应、燃气供应、给排水系统、道路、绿化区域等公共基础设施将集中建设，有助于形成规模效应，提高公共设施的利用率。

城镇化不仅是人口聚集、经济发展、社会发展的过程，同时也是科学技术不断发展和进步的过程。技术水平是生态环境保护的关键，人口的聚集、经济的发展、社会的发展具有聚合效应，不仅有利于技术水平的提高，而且有利于先进的、符合生态的技术的推广应用，从而提高资源与能源的集约利用。城镇化还以吸引人才的聚集，促进技术的进步，使环保技术、生态修复技术等得到提高，使各类自然资源得到有效的开发利用，从而进一步提高资源的利用效率，避免资源的浪费。在一定的城镇范围内，如果人口数量和人类活动对城市生态环境产生的压力在可承受的承载力之内，则人口与生态环境之间达到和谐稳定的状态。

工业布局集中是减轻环境压力的关键所在，城镇化也意味着工业相对集中布局，这有利于资源的循环使用，从而提高资源的使用效率，减少环境污染。为减少对生态环境的污染，在城市工业布局中，必须摒弃"资源—产品—污染排放"的传统模式，采用"资源—产品—污染排放—资源"的循环经济模式，将生态属性相关的企业集中布局在一起，以达到减少废物排放，减少污染的目的。[①]

（二）城镇化有利于污染的集中防治

生态环境问题一般是由于城镇化过程中资源的无序开发、资源的低效率利用、资源管理的松散等原因造成的。良好的生态环境离不开科学有效的污染防治，在某种程度上，污染防治水平决定着生态环境的质量。城市防治污染的状态与人口分布有很大关系，从规模效益与成本看，污染防治需要人口适当的集中。

首先，分散的人口分布使污染源过于分散，运输成本高和治理难度大，

---

① 宋言奇，傅崇兰. 城市化的生态环境效应［J］. 社会科学战线，2005（5）：186–188.

将不利于污染物的集中回收与处理；人口相对集中，污染源也相对集中，则可以减少大量运输过程，降低污染物回收处理的成本。其次，废弃物的循环利用是生态环境保护的一个重要举措，人口过于分散，废弃物的回收利用因成本高而难以实施，人口的适当集中，则具备规模效应，有利于废旧物品的集中回收再利用，达到保护生态环境的目的。城市人口数量的不断增加和人口密度的不断增大，会产生更多的污染物，但会促进人们更加重视生态环境问题，成为人们防治环境污染的动力，转化为防治环境污染的行为，更有利于集中防治生态环境污染。因此，防治污染的人均成本也随着人口密度的提高而降低。可见，人口规模和密度达到一定程度，有利于环境污染的集中防治，有利于减少城市的平均污染程度，总体上城市的生态环境将得到改善。

技术进步是城市经济发展中最重要的因素之一，是生产力水平提高的重要驱动力量。城市是一定区域内的政治、经济、文化、科技中心，很多节能环保的新技术、新工艺都首先在城市被应用，成为有效保护生态环境的措施之一。技术进步可以有效地促进城市经济结构的优化，使城市发展和生态环境保护的手段增多，改变资源消耗的粗放模式。提高应用于环境保护的科学技术水平，可以更有效地改善生态环境质量，促进城镇化系统与生态环境系统的协调发展。

（三）城镇化有利于发挥环境教育效应

拥有良好生态环境涉及每一个人的切身利益和生活质量的提高，生态环境问题的解决需要所有人的共同努力。每个人的环境保护行为看似微不足道，但累积起来就会产生"放大效应"，形成保护生态环境的巨大合力。无论是良好的生态环境意识，还是积极、合理的保护生态环境行动，首先离不开良好的环境教育。环境教育就是通过宣传教育，培养和提高人们的环保意识，并积极主动地投身到解决环境问题的实践活动中去。环境教育除了传授知识的正式教育外，还有日常生活中的潜移默化的教育，两者都是为了进一步提高人们的生态环境意识，积极为生态环境建设贡献应有的力量，发挥应有的作用。

城镇化不仅改变着人们的生产方式和物质条件，同时也改变着人们的生活方式、思维方式和交往方式。城镇化不仅是农村人口转移到城市的过程，也不仅是城市经济发展和城市空间扩大的过程，更主要的是人的生活方式转变与自身素质提高的过程。城镇化过程同时也是一个教育机会扩大的过程，可以使更多的人接受环境教育以及其他相关教育，有助于解决生态环境问题，也可以通过生活方式的引导与影响，使一部分人潜移默化地接受环境教育，也同样有助于解决生态环境问题。①

城镇化水平越高、物质丰富、社会保障健全的情况下，精神文化享受和需求成为城市居民普遍追求的目标，人们自觉地应用新能源、新技术减少资源损耗，自发地宣传环境保护知识，自动地养成低碳生活、绿色消费的良好习惯，对于生态环境的保护具有积极的作用。城镇化过程的环境教育效应越好，人们的环境保护观念越深、意识越强，投入到生态环境保护中的人力、物力、财力就越大，资源损失和环境破坏越少，城市生态环境将会逐步得到改善，有利于促进城镇化的可持续发展。

二、城镇化对生态环境的胁迫效应

理论上看，在城镇化和生态环境之间存在着强烈的交互胁迫作用。城镇化进程的加快必将会引起城市周边地区生态环境的变化，同时，生态环境的变化也必将引起城镇化水平的变化。可见，城镇化与生态环境是一种相互作用和交互耦合的关系，即不仅生态环境改善可促进城镇化水平的提高和城镇化进程的加快，而且生态环境的恶化更会限制或遏制城镇化的发展。②

城镇化的快速发展直接占用资源环境的同时，也对生态资源环境带来明显的负面影响，主要是由于城镇化过程中，人口高度集聚，经济快速发展，

---

① 吕成. 山东省城市化与生态环境协调发展研究 [D]. 济南：山东师范大学，2010：14 - 20.
② 荣宏庆. 我国新型城镇化建设与生态环境保护探析 [J]. 改革与战略，2013（9）：78 - 82.

城市空间不断扩张，废水、废气、废弃物等各种污染物排放量不断增加，但城市自然生态系统却非常脆弱，自身净化能力不足以支撑城镇化的发展，从而容易造成各种环境污染问题。

（一）对自然地理环境的影响

城镇化促进人口向城市集聚，而大量人口的集聚，必然会导致社会结构的变迁、经济要素的流动和产业的转移，人口增长、经济发展、能源消耗、交通扩张、废弃物增加，将对生态环境产生胁迫效应。人口的增加必然会消耗更多的资源，排放更多的废弃物，并且随着人们对生活质量的追求越来越高，向自然界索取的资源将越来越多，二氧化硫、一氧化碳、生活垃圾、生活污水等污染物的排放力度也随之越来越大。城镇化提升城市经济总量，促进城市产业结构转变升级，扩大城市建设的用地规模，将改变对生态环境的作用方式，增加城市生态环境的空间压力。城镇化水平的提高也促进城市的蔓延，城市规模不断向郊区扩张，原来是林地、草地、农田等的自然生态环境，被用来建设工业园、商业区、住宅区、城市街道等不可渗透的地表面积，破坏了城市郊区原有的气候状态，城市的地表径流增加，地下水补给量减小，从而对生态环境产生压力。

（二）对大气环境的影响

城镇化对大气环境的胁迫效应主要取决于城镇的人口密集度、产业结构、污染的防治措施等方面的影响。城镇化发展依赖于重化工业的有力推动，以高耗能、高污染、高排放为特点的重化工业，在城镇化的快速发展过程中形成强大的能源需求，并造成巨大的环境压力。在环保技术不强的情况下，重化工业发展过程中，作为主要能源的煤炭燃烧将会向大气中排放大量烟尘、硫氧化物和氮氧化物等污染物，直接威胁人们身体健康。同时，还引发毒害河流和森林的酸雨，使排放的二氧化碳无法回收，排入大气后会造成温室效应。城镇化所导致的大气污染问题，还表现在城市垃圾处理上。随着城市人口规模和密度的扩大，城市垃圾量不断增大，集中处理的难度也不断增大，焚烧处理可有效实现城市生活垃圾的减容、减量、资源化，但还会留下大量的灰渣和飞灰，也会对大气环境产生严重的影响。

（三）对水资源的影响

城市水资源不足，是城镇化、工业化发展的重要限制因素。城市人口的增加、工业的发展，将会大量挤占生态用水，造成水资源的短缺，对水资源产生胁迫作用。在城镇化快速发展的过程中，水资源短缺和水环境问题直接影响城市社会经济的发展和人居环境的改善。随着工业化、城市化的发展，工业用水、生活用水不断增加，可利用水资源数量有限，城市水资源将日益缺乏。《2016 年我国城市水资源的现状分析》指出，全国城市每年缺水 60 亿吨，每年因缺水造成经济损失约 2 000 亿元。

城镇化发展过程中，河流、湖泊和沿海水域成为稀释和消费废弃物的场所，水流的自然过程有助于分解垃圾和废弃物，但容易造成水体污染。城镇化进程不断增加的城市人口和日益增加的垃圾量，如果超过当地河流和湖泊的自净能力，将造成严重的水污染。

（四）固体废弃物的污染

固体废弃物主要包括一般工业固体废物、农业固体废物、生活垃圾等方面。随着城市规模日趋庞大，工业的生产活动在城镇集中，工业企业生产产生了大量固体废弃物。固体废弃物污染已经成为影响城市生态环境的主要问题之一。对固体废弃物的填埋、堆放和焚烧处理均会对城市的生态环境产生破坏性的影响。固体废弃物的填埋处置会占用大量宝贵的土地资源；露天堆放会产生大量的有害气体，严重污染大气环境，直接危害人们的身体健康；固体废弃物燃烧产生的大量的硫化物、氮化物等有害气体，会造成对大气的二次污染。

（五）对土地环境的影响

城镇化进程中，随着工业的发展、经济园区的建设、城市公共设施的建设、城市用地规模不断扩张、城市建设密度不断增加，必然导致城市土地资源的日益紧张。城镇化发展中不科学、不合理的土地利用，会对生态环境造成水土流失、土地沙化、地质灾害、土壤污染等负面的影响。其中，过度开发利用土地资源，是造成土地沙化的最主要原因。城市工业发展的工程建设、毁林开荒、陡坡开垦等土地资源的利用，加速了水土流失的进程。城市工业项目的建设阶段对土地的破坏最为严重，建设过程中不但产生大量裸露的地面，而且由于运输和开挖对土地引起很大的扰动。

城镇化对土地的开发利用，昔日的绿地变成了道路、建筑物，改变了生物环境的组成和结构，破坏了野生动植物的生存环境，进而影响城市生物的多样性，各种动物在城市中绝迹或减少，从而使生态系统失调。城市建筑物的增加、道路的硬化等不渗透层使大气与水蒸气无法进入土壤，影响了土壤微生物和植物根系的生存环境，破坏生态平衡。城镇化对城市地表所覆盖土壤的改造，不只改变了土地的物理性质，同时还使一些人工污染物进入土壤，给土壤造成不同程度的污染。[①] 城市扩张建设的土地利用过程中，人工开挖切坡的不合理而造成的临空面，容易产生滑坡、崩塌等地质灾害。

（六）对能源的影响

能源是经济社会发展的重要物质基础，被称为工业的血液，是经济增长的动力和重要基础。各国城镇化发展实践表明，城镇化的快速发展会带来能源需求量的急剧上升。城镇化水平的提高，城市人口的大量增加，加快了城市建设的步伐，增加了城市的房屋建筑、供热、铺装道路面积；城镇家庭拥有更多与工业相关的电器设备，带动了钢铁、建材、设备、车辆等的需求和生产，这些产品基本上是对能源、原材料消耗较大的重工业提供，对能源电力、矿石、原材料需求巨大，对城市生态环境的保护提出了

---

① 郭娅琦. 城市化进程对城市生态环境的影响研究 ［D］. 长沙：湖南大学，2007（5）：22 - 24.

更高的挑战。①

第二节

生态环境的城镇化效应

城镇化与生态环境之间不断进行着物质、能量、信息的交换，两者既相互制约，又相互促进。生态环境系统由各种相互作用、相互联系要素组成，这些要素在系统内自身相互作用的同时，对城镇化的发展也产生重要的影响，具有很强的促进效应和约束效应。

一、生态环境对城镇化的促进效应

生态环境是城镇化发展的重要物质基础和条件，可以为城市发展提供所需的生产、生活要素。生态环境对城镇化进程的促进效应表现为提供城镇化发展的物质基础、提高城市人居环境质量、提高城市形象等方面。

（一）提供城镇化发展的物质基础

生态环境是城镇化发展的重要客观载体，为城镇化发展提供必需的水资源、土地资源、矿产资源、生物资源等。城市一般起源于自然环境优越、自然资源丰富的地区，城镇化进程中对空气、水、土地、资源、能源等的需求，城市经济发展对各种生产要素的需求，都需要生态环境的支撑。城镇化的初级阶段——城市的发展和扩张主要以当地的自然资源条件为依托。生态环境是城镇化进程中能量转换、物质循环和信息传递的条件，并决定着城市发展的规模和速度。良好的生态环境有利于城市人口的集聚、城市经济的发展、城市地域空间的扩展，是加快推进城镇化进程的重要保障。

---

① 杨光梅，闵庆文. 内蒙古城市化发展对生态环境的影响分析［J］. 干旱区地理，2007（1）：141－148.

（二）提高城市人居环境质量

良好的城市生态环境是市民赖以生存的基本物质基础，是市民生活品质提高的直接要求，吸引追求高品质生活的人群居住，提升居民整体素质，提高生活质量，进而推进城镇化进程。良好的城市生态环境可以节省环境保护资金的投入，节约财政开支和不必要的资源、人员的浪费，使得财政支出可以更多用于城市建设和社会保障福利等方面，解决城市可持续发展的难题。

（三）提高城市形象

城市形象是公众对城市内在实力、外在活力和发展潜力的具体印象及综合评价。良好的城市生态环境是城市形象的一个良好品牌，能提高城市的品位和知名度，还能提高城市对周边地区的集聚能力和辐射带动能力，促进城市有形资产的增值，有效地推动城镇化进程，提高城市的综合竞争力。城市生态环境质量也是城市吸引投资和人才的重要条件，优美的城市环境、良好的城市生态，有利于投资项目和企业资本的进入，有利于城市吸引高科技产业进驻，发展绿色科技，与此同时带来了大批的高科技人才流入，有利于城市产业结构的优化升级，提高城市的科技实力及核心竞争力。

二、生态环境对城镇化的约束效应

生态环境的恶化一方面通过洪涝灾害、酸雨、沙尘暴等自然灾害来直接危害人们的生命安全和财产安全，另一方面通过污染物的扩散漂移危害人们的身体健康和生活质量。

（一）降低人们生存环境质量

城市中高密度的工业布局和发展会造成的空气、水、噪声和固体废弃物污染等问题，空气的污染会使人们吸收有毒物质而患上各种呼吸道疾病和皮肤疾病，水污染会使人们患上多种慢性病，而土壤的重金属污染会使种植的食物不再安全。如果城市生态环境恶化，环境中的有害物质会通过食物链的形式在动物、人体内累计，危害人体健康，降低人口身体素质，降低人们的生存质量。城市生态环境恶化使人们被迫在不甚优越的城市中生存，最终通过"劣币驱逐良币效应"，把具有良好经济实力和文化素质的居民"驱逐"出中心城区，从而导致郊区化和城市中心空心化，降低城镇化质量。

（二）影响城市经济的发展

生态环境与城市经济的发展密不可分，是影响城市产业发展的重要因素。尤其是高新技术产业对生态环境有着很高的要求，高科技企业的资本和人才具有互动效应。城市生态环境的恶化会导致高科技企业资本排斥和高技术人才流失，减缓城镇化的进程。城市生态环境的污染破坏，将迫使城市大批企业外迁，改变城市的地域空间结构，无法吸引外来人员在此安家就业，不利于城市经济的发展，限制城镇化的进程。

（三）增加环境治理的成本

城镇化发展过程中，依靠生产要素的大量投入和扩张的粗放型经济增长方式，资源利用效率低、能源消耗大，导致污染物排放多、环境污染加剧等问题，造成的生态环境恶化，降低了资源的支撑能力，反过来抑制城镇化的发展。

生态环境的恶化，城市在环境保护和治理等方面投入的资金必然增多。经济发展的资金有限，环境治理资金投入的增加，挤占了本来用于发展经济的资金，降低了城市投资水平，造成经济增长减缓，限制了城镇化水平的提高。城市空气污染加剧，水资源缺乏或污染严重，增加了城市改善环境的成本；土地资源的破坏和过度利用，抑制城市的空间拓展；工业固体废弃物和城市生活垃圾的增加，加大回收利用和集中处理的投入，也会对城镇化进程产生影响，对城市发展起到抑制的作用。

第四章

城镇化与生态环境协调发展的机制

第一节

城镇化与生态环境协调发展的内涵及特征

协调是系统之间或系统内部各组成要素之间在发展过程中配合得当、和谐一致，形成一种良性循环的态势。发展是系统从小到大、从简单到复杂、从低级到高级、从无序到有序的演变过程。协调发展是协调与发展的融合，是系统之间或系统内各要素之间，遵循良性循环的程序与规则，避免交流与互动的障碍，通过一系列的调节，由低级到高级，由无序到有序的动态演变过程。协调发展是多系统或要素在协调规则约束之下的发展，通过不断地进行动态调节，在原来的基础上达到新的协调，是系统及其内部组成要素之间的关系不断朝着理想状态演进的过程，是一种整体提高、全局优化、共同发展的过程。

一、城镇化与生态环境协调发展的内涵

城镇化与生态环境协调发展是指在和谐共存、配合一致、良性循环的基础上，城镇化系统的人口数量、经济发展、产业结构、产业布局、社会发展等要素与生态环境系统的大气、水、土壤、矿产、动植物等要素，通过相互影响、相互促进而形成的有机统一的整体系统。城镇化与生态环境协调发展

具有以下方面的内涵：

第一，城镇化是以保持生态环境系统良性循环为条件的城市经济社会发展过程。在推进城镇化发展的过程中，应将生态环境的保护与建设作为重要的前提和约束条件，既要追求城镇化的快速发展，也要重视保护好生态环境，避免生态环境的破坏。如果过度追求城镇化的快速发展，忽视生态环境的承载能力，尽管开始时城镇化发展达到快速增长的目的，但经过一段时间之后，后期的城镇化发展却受到生态环境退化的报复，生态环境支撑城镇化发展的承载力下降，反而成为限制城镇化发展的因素，不适应城镇化发展的需要，使城市的发展因受资源、环境的约束而停滞不前。

第二，生态环境的保护与建设要以一定的城镇化发展速度与质量为物质基础。城镇化发展水平的提高，意味着城市经济实力增强，城市居民物质生活水平提高和精神文化生活的丰富，能更好地满足人民对美好生活的向往。城市生态环境作为城镇化发展的支撑载体，要与城镇化所产生的对生态环境的压力相适应，才能保证城市经济社会的持续发展和城镇化水平的提高。如果单纯地为了保护生态环境而限制城市的发展，终究会因没有强有力的城市经济实力的支撑，而使得生态环境的保护与建设失去物质基础。只有城镇化的健康持续快速发展，才能为生态环境的保护与建设提供必要的财力物力支撑，保证生态环境不断建设发展来满足城镇化发展的需要。

第三，城镇化与生态环境的协调发展应以两者的共同发展为前提。城镇化与生态环境之间是相互作用、相互影响、相互依存的关系。城镇化发展不能以牺牲生态环境为代价，不能走"先污染后治理"的发展道路，保护生态环境也不能为了保护而保护，而应为城镇化发展提供必要的支持和服务。

第四，城镇化与生态环境的协调发展是一个动态的过程。城镇化与生态环境的发展，从不协调到协调，从协调到新的协调都要经历一个时间过程。随着城镇化进程的加快，城镇化水平的提高，城市与生态环境系统的物质、能量、信息等交换日益频繁，生态环境的压力也随之增大，处理不好，就会构成对生态环境的破坏，从而限制城镇化的发展。城镇化发展过程中，对治理和改善生态环境所需的资金、技术和管理等要素的积累也需要经历一定的时间过程，城市经济实力越强，城镇化发展水平越高，对生态环境的保护和改善的能力也越强。

二、城镇化与生态环境协调发展的基本特征

（一）整体性

整体性是协调系统的基本特征之一，城镇化与生态环境组成的系统是由相互影响、相互作用、相互联系的各要素组成的，系统内城镇化子系统的人口、产业、文化等要素与生态环境子系统的大气、水、土壤、动植物等要素相互作用、相互联系、相互影响构成一个具有一定功能、不可分割的有机整体。

（二）协调性

协调性的关键在于城市发展的经济效益和环境效益的和谐统一，两者之间始终保持互为条件、互相促进的关系。城市经济的发展水平决定了生态环境保护的实现程度。随着城市经济的发展、科学技术和管理水平的不断提高，采用新技术、新工艺提高资源的利用率，发现和使用新的资源替代品，可以减少有害废弃物、污染物的排放，甚至实现零排放，提高生态环境质量。城市经济的发展是解决生态环境问题的根本手段，可以有效提高保护和建设生态环境的能力。生态环境是城镇化发展的重要基础和条件，生态环境质量的提高有助于提升城镇化发展的质量，生态环境的改善、生态系统的良性循环，有利于环境资源的永续利用，为城市经济持续快速发展创造良好的条件。

（三）动态性

动态性表现为城镇化系统与生态环境系统发展本身具有的动态性。城镇化本身就是一个动态的发展过程，随着城镇化水平的提高，不仅城市人口规

模不断扩大，城市经济发展水平不断提高，城市地域空间不断拓展，城市社会发展不断进步，而且城市的内部结构和功能也在不断地发展变化。城镇化与生态环境两个系统总是在不断地相互作用，相互影响，使两者组成的系统也成为一个不断运动、不断发展变化的实体。生态环境随着城镇化的发展而发生变化，既不断地受到城镇化发展的干扰，也时刻影响着城镇化的发展进程。

（四）开放性

城镇化与生态环境协调发展系统是一个开放的、复杂的系统，为了系统自身的持续发展和良性循环，需要不断与外界进行物质、能量和信息的交换。系统得以生存和发展，除内部各子系统之间、各组成要素之间相互作用、相互联系外，还要与外界发生物质的输入、输出和能量的交换。开放性是城镇化与生态环境系统维持强大生命力和不断发展的必要条件。

第二节

城镇化与生态环境协调发展的关联机制

城镇化与生态环境的关系具有一定的规律，在城镇化发展的不同阶段，对生态环境产生不同的影响。关于两者的关联机制，可以从诺瑟姆 S 形曲线、环境库兹涅茨曲线、资源魔咒假说等理论进行解释。

一、诺瑟姆 S 形曲线

1975 年，美国城市学者诺瑟姆（Northam）以人口城镇化表示城镇化发展水平，对美国 4 个州过去 160 年间推进城镇化历程变化走势描绘于二维坐标系中，得到一条稍被拉平的 S 形曲线。这条曲线表明了一个国家和地区的城镇人口占总人口比重的变化过程，城市发展过程的轨迹是一条被拉长的 S 形曲线，大体上都经历了类似正弦波曲线上升的过程。

根据城镇化轨迹的 S 形曲线，可以把城镇化过程分成三个阶段，即城镇水平较低、发展较慢的初期阶段，人口向城市迅速聚集的中期加速阶段和进入高度城镇化以后城镇人口比重的增长又趋缓慢甚至停滞的后期阶段。①

（一）初期阶段

城镇人口占总人口的比重在 10% ~ 25% 之间，是城镇化的起步阶段，经济结构中第一产业占比大，人口在城镇、农村地区呈现分散的格局，总体增长模式以"高出生率、高死亡率"为特征。该阶段城市发展水平比较低，速度缓慢，经历的时间长，处于传统的农业社会状态。

（二）加速阶段

城镇人口占总人口的比重在 25% ~ 70% 之间，经济结构中第二产业在国民经济中占据很大比例，成为经济发展的中坚力量，第三产业比重不断上升。工业高速发展，为农村人口持续迁入城市提供了动力，人口大量进入城市，经济社会活动集中于城镇地区。

这一阶段，技术进步在带来经济体生产效率极大提高的同时，医疗保障体系趋于完善，很大程度上降低死亡率，人口得以迅速增长，城镇规模不断扩大，数量逐渐增多。该阶段的后期，当人口城镇化率达到 60% ~ 70% 之间时，出现劳动力过剩、交通紧张、住房紧张、环境恶化等问题，交通便利后和小汽车普及后，许多人口和企业会开始迁往郊区，出现了郊区城镇化现象。

（三）后期阶段

城镇人口占总人口的比重达到 70% 以上，此时城镇已经属于发达经济体，城镇化水平高，经济发展以知识型产业与新兴服务业为主导，处于稳定的发展时期。城镇人口增长模式向"低出生率，低死亡率"转变，增长速

---

① 张媛媛. 中国城镇化发展对生态环境的影响研究［D］. 长春：吉林大学，2017：11 - 12.

度趋缓甚至停滞不前，城镇人口的比重趋于稳定，城乡差别逐渐缩小，出现区域空间一体化的现象。一些大城市的人口和工商业迁往离城市更远的农村和小城镇，整个大城市的人口数量减少，出现逆城镇化现象。

在城镇化发展的三个阶段，驱动力和阻力在不同的阶段有着不同的表现形式，两者共同决定了城镇化发展的方向。其中，驱动力可能来源于人口城镇化的快速推进，城市经济的快速发展，产业结构的优化调整，人民生活水平的提高等多个方面；阻力可能来源于环境遭到破坏，资源出现紧张，城镇扩张受地域约束等方面。城镇化发展的阶段性特征，也决定了城镇化与生态环境协调发展的阶段性特征，两者的矛盾主要表现在城市经济发展与生态环境保护关系的处理上。

二、环境库兹涅茨曲线

关于环境库兹涅茨曲线（Environmental Kuznets Curve，EKC），是借用1955 年 Kuznets 界定的人均收入水平与收入不均等之间的倒 U 形曲线，将这种环境质量与人均收入水平间的关系称为环境库兹涅茨曲线，即在经济发展的初期，随着经济的发展，环境质量随着收入增加逐渐恶化，待经济发展到一定阶段，收入水平上升到一定程度后，环境质量逐渐改善，由此得出收入水平与环境质量之间呈倒 U 形的关系的结论。

1991 年，Grossman 和 Krueger 利用 GEMS[①] 的 SO_2、烟尘等空气质量数据，通过建立包含时间趋势、地理位置、贸易密度等解释变量的回归方程，发现人均收入与 SO_2、烟尘之间基本上存在一种倒 U 形关系，环境质量一开始随人均收入增长而退化，当人均收入达到 4 000 ~ 5 000 美元的转折点时，环境质量随人均收入的增长而改善。[②]

---

① GEMS，Global Environmental Monitoring System，由 WHO 和 UNEP 于 1976 年建立。

② Grossman G. M., and A. B. Krueger. Environmental Impacts of a North American Free Trade Agreement ［C］. National Bureau of Economic Research Working Paper, 1991：3914.

1992 年，Shafik 和 Bandyopadhyay 根据世界银行提供的数据，利用线性对数、对数平方和对数立方等三种不同的方程形式，对 10 项不同的环境指标进行 EKC 的估计，发现水和城市污染随收入增加一直在减少，然而两种空气污染（SPM，SO_2）与 EKC 假说相符合，它们的转折点在 3 000~4 000 美元之间，人均市政废弃物与二氧化碳排放量随收入的上升而上升的趋势明显。[1]

1993 年，Panayotou 研究也认为 EKC 存在，并估算出 SO_2、NO_x 和 SPM 排放量的转折点分别在人均收入 3 000 美元、5 500 美元和 4 500 美元左右，在一个较高的发展水平上，产业结构趋向信息密集型和服务业，人们环境意识的提高、环境管制的加强、技术的进步和环保支出的增加，环境污染水平下降，环境质量得到提高。[2]

1994 年，Cropper 和 Griffiths 利用非洲、拉丁美洲和亚洲 64 个国家（地区）的面板数据估计毁林也存在 EKC 关系，其中非洲的转折点在 4 760 美元，拉丁美洲的转折点在 5 420 美元，但得出的结论是经济增长不能自动解决森林毁损问题。[3]

环境库兹涅茨曲线提出后，国内外众多学者从经济结构、市场机制、科技水平和政府政策等不同视角对 EKC 形成的动因进行了研究，丰富了人们对 EKC 形成机理的认识。根据 Grossman 和 Krueger 等学者的理论，城镇化进程从三个方面对生态环境产生影响。[4]

（一）规模效应

在我国城镇化推进过程中，一方面，城镇化使得越来越多的农村人口

① Shafik N. , and S. Bandyopadhyay. Economic Growth and Environmental Quality：Time Series and Cross-country Evidence ［C］. Background Paper for the World Development Report，Washington DC：The World Banktry，1992.

② Panayotou T. Empirical tests and policy analysis of environmental degradation at different stages of economic development ［R］. International Labour Organization，1993：238.

③ Cropper M. , and C. Griffiths. The Interaction of Population Growth and Environmental QualityA ［J］. mericana Economic Review，1994（84）：250 – 254.

④ 张媛媛. 中国城镇化发展对生态环境的影响研究 ［D］. 长春：吉林大学，2017：12 – 13.

大规模向城镇集聚；另一方面，经济增长需要增加生产要素的投入，增加对资源的使用；随着城镇人口的增加和经济的发展，伴随而来的是经济体更多的产出和大量的生活垃圾、污水、废气等污染物，这些都严重影响生态环境。

（二）技术效应

高收入水平与更好的环保技术、高效率技术紧密相连。在经济体发展的过程中，研发支出的持续上升，将在一定程度上推动技术进步。假设其他条件不变的情况下，生产技术的进步可以提高生产率，改善资源的使用效率，提升单位要素投入的产出，可以减少对环境的污染。同时，清洁技术不断得以开发，有效地循环利用资源，降低了单位产出的污染排放物。

（三）结构效应

城镇化的推进使得经济体的产出结构和投入结构逐渐发生变化，可以分为两个阶段：在初期阶段将会实现从农业向能源密集型重工业转变，这一过程的持续投入导致污染排放量只增不减；随着经济的不断发展，经济结构将向低污染的服务业和知识密集型产业转型，投入结构发生变化，之前受损的环境质量得以改善。

关于城镇化进程对生态环境产生的影响，规模效应对生态环境产生负面影响，导致生态环境的恶化，而技术效应和结构效应对生态环境产生正面的影响，可以改善和优化生态环境。规模效应、技术效应和结构效应在城镇化发展所处的不同阶段发挥着不同的作用。在城镇化的初期快速发展阶段，资源的使用超过了资源的再生能力，有害物质大量产生和排放，规模效应超过了技术效应和结构效应，生态环境恶化；当城镇化水平不断提高，发展到新的阶段，技术效应和结构效应超过规模效应，生态环境恶化得到减缓，并不断改善。环境库兹涅茨曲线的形状由三个效应的合力决定，其可以是倒 U 形、U 形、反 N 形、N 形等多种形状。

三、资源魔咒假说

自然资源、资本、劳动、技术等是经济增长的主要因素。生态环境由生态系统和环境系统中的各个子要素共同构成，包括气候资源、水资源、土地资源、生物资源等方面的内容，自然环境中的资源与人类生存发展息息相关，一些国家主要依靠本国自然资源禀赋优势发展本国经济，比如石油资源丰富的国家，依靠石油的开发和出口发展成为富裕的国家。拥有丰裕的自然资源，使一个国家或地区经济拥有更大的发展潜力。从经济发展历程看，安哥拉、苏丹、荷兰、俄罗斯等一些国家拥有丰富的自然资源，却在较长的时间范围内，经济增长速度缓慢甚至出现停滞不前，陷入了增长陷阱的怪圈。

1993 年，英格兰经济学家 Auty 首次提出"资源诅咒"（Resourse Curse）的概念，认为丰裕的资源对一些国家或地区的经济增长并不是充分的有利条件，反而是一种限制，丰裕的自然资源可能是经济发展的诅咒而不是祝福。① 此后，大量学者对"资源诅咒"进行研究，有的研究还通过分析一个国家不同地区的经济增长差距，论证在一个国家内部也存在"资源诅咒"的现象。

资源丰富的国家或地区，通过大量开采资源积累财富，当资源价格高时，经济迅速增长，当资源价格低时，经济增长缓慢。相反，资源禀赋不足的国家或地区，则依靠科技、制造、金融等非资源资产业的发展壮大，实现经济的快速持续发展。

"资源诅咒"虽然表面上有悖于经济发展理论，但有其自身的传导机制，既有资源过度开采和开发不合理的原因，也有不重视非资源产业发展及产业布局不合理的原因。在中国一些自然资源丰富地区的城镇化发展过程

---

① Auty. R. M. Sustaining Development in Mineral Economics：the Resource Curse Thesis ［M］. London：Routledge，1993.

中，特别是城镇化的初期阶段，对资源的开发利用也存在不合理性，造成资源的过度开发和环境的破坏，最终成为城镇化发展的约束因素。因此，要科学合理地开发和利用自然资源，提高资源的利用率，实现资源的循环利用，减少甚至消除对生态环境的破坏，实现城镇化与生态环境的协调发展。

第三节

城镇化与生态环境协调发展的阶段特征

城镇化与生态环境存在相互作用、相互影响、交互耦合的关系。城镇化发展的不同阶段，对生态环境产生不同的影响。不同国家和地区城镇化发展都具有明显的阶段性特征。城镇化发展的阶段性特征，决定了其与生态环境的协调发展也具有阶段性特征。按照传统农业经济时期、工业化初期、工业化中后期、信息化时期四个经济发展阶段的特征，可以将城镇化与生态环境的协调发展过程分为低水平协调阶段、加剧不协调阶段、趋向协调发展阶段和高水平协调阶段。[①]

一、低水平协调阶段

这一阶段经济发展处于传统农业经济时期，是典型的农业社会。农业在社会经济发展中占主导地位，城市的基础设施差，生产力水平低，城市经济以手工业和商业为主，经济功能比较弱，城镇化水平不高，增长速度缓慢，城市与农村之间发展的差别不大。这一阶段城镇化与生态环境体现为低水平的协调。

（一）城镇化对生态环境的直接作用弱

由于传统农业经济时期城镇化刚刚起步，仍处于非常低的发展水平，生

---

① 陈晓红. 东北地区城市化与生态环境协调发展研究［D］. 长春：东北师范大学，2008：12 - 13.

产技术和条件非常落后，基本上以土地和劳动力的投入为主，人类对自然界的认识还存在很大的局限性，对自然资源的开发与利用只是局部、零散的。这一时期自然资源丰富、生态环境承载能力强，自然资源的作用主要是对农业生产和畜牧业的发展有较大影响。城市发展对生态环境的影响是以人的生产生活直接作用为主，城镇化与生态环境之间的直接作用较弱、矛盾较小。

（二）生态环境成为城市形成与发展的基本条件

传统农业经济时期以自然经济为主，自然资源丰富、生态环境较好的地区，农业、畜牧业比较发达，商品交换较频繁，进而城市发展较好。同时，建立在自然分工、自然经济基础上的农业社会，经济发展抵御自然灾害的能力非常薄弱，城市发展受到自然生态环境的约束和限制比较大。

（三）城镇化与生态环境相互作用空间范围小

由于生产力水平较低，传统农业经济时期是始终以第一产业为主的单一产业结构。经济结构与资源结构结合度差，经济发展规模小于资源的规模，大量资源仍没有开发利用。第一产业的发展主要以当地自然资源条件为基础，只有少量的手工业和商业发展起来，在经济结构中占的比重很小，全社会基本是自给自足的经济体系。随着生产力水平的逐步提高，城市逐渐形成和发展壮大，但受自然条件的限制，城市空间布局较分散，主要分布在农业较发达或交通便利的区域。城市的发展仍以小城镇为主，数量不多，城市系统远没有形成。这个时期城镇化与生态环境相互作用空间范围小且非常分散。

总的来说，传统农业经济时期，城镇化与生态环境相互作用是低水平的协调。这一阶段，由于人们认识能力的限制，对自然资源情况了解不多，受低生产技术水平的约束，人们对自然资源开发利用规模小、数量有限，致使城镇化的发展受到限制，仍处于非常低的水平，城镇化与生态环境能量与物质交换仍在低水平上循环，两者的相互作用有限，表现为低水平的协调。

二、加剧不协调阶段

工业化初期，工业革命大大提高了社会生产力，为城市发展创造了大量的财富，同时，科技的快速发展，大大增强了人类改造和利用自然的能力。从产业结构看，第一产业比重逐步下降，第二、第三产业比重逐渐上升。随着产业结构的变化升级，大批劳动力从第一产业向第二、第三产业转移，人口聚集程度不断加强，推动着城镇化的快速发展。城市成为经济活动的中心和生产要素的集聚地，城镇化与生态环境的联系不断加强，城镇化水平快速提高。这一阶段城镇化与生态环境体现为不协调加剧。

（一）城镇化与生态环境的作用广度增加

随着工业革命的发展，城市与外界进行广泛的经济联系，劳动力、资金、技术、产品等加速流动，城市与周围地区经济连成一片，成为一个综合的有机体。城镇化进程不断加快，城市人口快速增长，规模不断扩大，城市地域空间不断扩展，城镇化与生态环境的相互作用范围更加广泛。

（二）城镇化与生态环境的作用深度增加

随着工业化进程的加快，城市经济水平大幅提高，城镇化发展不仅利用自然，而且改造自然，改变着生态环境系统的自我调节和自我循环功能。城市不仅在产业、人力、资金、技术等方面影响着生态环境，而且城镇居民的价值观念、生活方式、消费习惯等方面也影响着生态环境，进而增加了城镇化与生态环境相互作用的深度。

（三）城镇化与生态环境的作用强度增大

在工业革命的作用下，城市的数量迅速增加，城市的空间聚集效益和规模效益不断增强，城市职能不断增加，城市对生态环境作用强度不断加大。

为追求城市经济的增长，第二产业不断向城市中心聚集，导致资源破坏、城市环境污染、交通拥挤、社会治安等城市病日益突出。城市经济发展与生态环境之间出现矛盾，生态环境的恶化制约了城镇化的进程。

总之，在工业化初期，随着生产力水平的提高和工业化进程的加快，城镇化与生态环境的相互作用、相互影响不断加强，两者的关系表现为由低水平协调发展成为不协调，并且呈现加剧不协调的趋势。城市人口的快速增长，粗放式的经济增长，城市规模的迅速扩大，过度的资源开发利用，不文明的生活方式等，加剧了城镇化与生态环境之间的矛盾，生态环境面临着空气质量下降、水污染严重、固体废弃物增加、能源紧缺等问题。

三、趋向协调发展阶段

科技的快速发展，计算机网络技术的发展和应用，生物工程和新材料的开发应用等，社会经济发展迎来了第三次科技革命。城市产业结构发生巨大的转变，工业结构从传统重化工业转向高新技术产业，第三产业从低层次的商业服务业为主转向金融、保险、信息等现代服务业，产业结构呈现出高级化、服务化、柔性化的特点，引导城市职能相应发生变化。

（一）城镇化与生态环境的相互作用范围进一步扩大

这一阶段，城市是第三产业发展的中心，城市服务功能不断加强，成为人类主要的聚居区。城市对生态环境作用范围进一步扩大，主要空间载体包括居住小区、城市郊区、交通走廊、农村小城镇等，形成了集中化与分散化并存的发展态势。

（二）城镇化与生态环境的相互作用向柔性化发展

工业化中后期普遍采取的是以提高经济质量和经济效益为核心的集约型经济增长方式，技术创新、人力资本积累、规模经济，制度创新、学习效应等成为经济增长的主要动力，先进的生产技术得到推广应用，工业园区加快建设发展，工业集中布局，大大提高了能源与资源的利用效率，城市空气质量好转，污水排放得到有效治理，废弃物污染减少，城镇化对生态环境的作用向柔性化趋势发展。

（三）城镇化的生态环境效应仍以胁迫为主

工业化中后期仍然是城镇化发展的高潮，城市人口的高密度聚集、城市空间的扩张、城市工业的发展等对生态环境仍有较强的胁迫作用。城镇化过程中的资源问题、生态安全、"城市病"等问题仍不能得到彻底的解决。

总之，在这一阶段，城镇化进入较成熟发展阶段，城市经济发展达到较高水平。人们认识到人类活动与自然共生的重要性，认识到保护生态环境的重要性，更加注重生活质量的提高，开始强调城镇化与生态环境的协调发展。人们重视改善城镇化与生态环境的关系，规划建设生态城市、园林城市、山水城市等，城市对生态环境作用开始柔性化，生态环境污染问题得到缓解，城镇化与生态环境的发展趋向于协调发展的阶段。

四、高水平协调阶段

21 世纪，信息革命深刻地改变着世界，信息技术已渗透到经济发展和社会生活的各个方面。在信息社会，人们为了追求更美好的居住环境，更高的生活质量，开始向郊区或小城市转移，工业生产和城市空间形态向松散型、小型化、专业化演化的趋势明显。企业之间的信息联系日益加强，集中管理的趋势日趋明显。城市的经济管理职能和生产服务职能得到不断提升。城镇化与生态环境相互作用的空间载体选择的自由度和灵活性不断增强，这一阶段城镇化与生态环境体现为高水平的协调。

（一）城镇化与生态环境相互作用方式和内容发生本质变化

信息产业的发展加快推动城市产业结构升级优化，促进了城市基本职能的提升，以信息、知识的生产、加工、存储和发送等为主的服务功能在城市中得到强化。信息网络拓展了城市的活动空间，引导城市产业和人口的疏散，使其部分工业职能外迁，缓解了中心城市人口密集、交通拥挤、住房紧张、环境污染等问题，改善了城镇化质量。人口和产业的分散化及郊区化，促使城市从工业经济向服务性经济的转换和升级。

（二）城镇化与生态环境相互作用促进城乡一体化区域的形成

城乡一体化是城镇化发展的一个新阶段，是生产力的发展促进城乡居民在生产方式、生活方式和居住方式变化的过程，逐步达到城乡之间在经济、社会、文化、生态等方面的协调发展的过程。高速的交通网络和信息通信网络加速了城市与乡村在经济、信息、科技、文化等方面的广泛深度融合，形成了城乡一体化区域。乡村的生产手段、生活方式、文明水平等达到或接近城市水平，城市与乡村融为一个有机的整体，实现城乡经济一体化、空间一体化、社会一体化、生态一体化。

总之，进入信息社会，信息技术的广泛应用，大大提高各种物质和能量资源的利用效率，促使产业结构的优化升级，人类生活不断趋向和谐，社会可持续发展。可持续发展、最佳人居环境、生态城市、森林城市等理念在城市建设发展中充分体现。城市经济发展过程中实现了资源的减量化、再利用和资源化，强调社会经济系统与自然生态系统和谐共生，城镇化对生态环境的负向影响降到最低程度，城镇化与生态环境实现高水平的协调发展。

第四节

城镇化与生态环境协调发展的调控机制

城镇化过程是人类认识自然和改造自然、不断满足自身生存和生活需要的过程。城镇化与生态环境关系的本质是人与自然的关系。城镇化和生态环境的矛盾可以通过人类自身活动的调控来解决，调控的方式包括政策、规划、产业、文化等方面，调控的目的是促进两者协调发展。①

一、政策调控机制

政策是国家政权机关、政党组织或其他政治集团为实现自己所代表的利益与意志，以权威形式标准化地规定在一定的时期内，对所要达到的目标和完成的任务而采取的一般步骤和具体措施。政策关注的主要是制度安排上的变化，科学合理的政策安排，可以使有限的自然资源得到合理有效的利用，减少对生态环境的破坏。政策对城镇化与生态环境的影响是刚性、强制和持久的，会不同程度地影响城镇化进程与生态环境保护和建设力度，决定城镇化与生态环境相互作用的方式和程度。

政策的制定需要考虑长期效益，政策制定实施如果只追求眼前利益、局部利益，不仅制约城镇化的进程，也影响城镇化进程中对生态环境保护的成效。政策能有效发挥作用，还需加强政策执行的力度，只有充分发挥政策的强制力和约束力，才能促进城镇化与生态环境的协调发展。城镇化与生态环境协调发展的政策调控主要包括户籍制度、环境保护制度、产权制度、社会保障和教育制度等方面。

（一）户籍制度

户籍制度是一种限制城乡人口自由流动的制度安排，一定程度上减慢了人口城镇化的进程，并减轻了城市的生态环境压力，但制约人口的自由流动，也不利于资源的有效配置。根据城市生态环境承载力，调整完善户口迁移政策，促进有能力在城镇稳定就业和生活的常住人口有序实现市民化，不仅有利于城乡居民自由流动，并带动资金、技术等生产要素的自由流动，而且有利于人与自然、人与社会、人与人的和谐发展。

---

① 满强 . 长春市城市化与生态环境协调发展研究［D］. 长春：东北师范大学，2007：20 - 23.

（二）环境保护制度

环境保护制度是对城镇化与生态环境协调发展最为直接有效的治理手段。大气污染防治法、水污染防治法、固体废弃物污染环境防治法等环境保护法律的制定，促进了城市环境保护法制化，有利于城镇化与生态环境的协调发展。严格执行规划环境影响评价，建设项目环评，严格环境准入制度，积极推进清洁生产和循环经济，有利于合理引导投资方向，减少城镇化对生态环境的胁迫效应。

（三）产权制度

产权制度是指既定产权关系和产权规则的结合，对产权关系实现有效的组合、调节和保护的一种制度安排。产权制度直接影响着城镇化过程中生产要素优化配置，确保环境保护主体责任明确化，进而影响城镇化发展速度与质量，以及生态环境建设与保护的力度。

（四）社会保障和教育制度

城乡居民无差别地享受政府提供的社会保障与教育权利，实现城乡公共服务均等化，有利于城市对农村人口和劳动力的吸收，促进城镇化进程；有利于消除城乡劳动力在获得教育、技能培训、健康与营养等方面的差别；有利于城市文明的扩散与城乡居民环保意识的提高，进而促进城镇化与生态环境的协调发展。

整体而言，城镇化与生态环境相互作用、相互影响过程，是在多种机制的共同作用下进行的一个有机调节系统。

二、规划调控机制

城市规划是为了实现一定的城市发展目标，确定城市的发展方向、规模、功能，合理利用城市土地，协调城市空间布局和建设所做的部署和安排。城市规划是一种人为的有目的主动干预方式，确保城市资源的合理有效配置，是实现城市经济和社会发展目标的重要手段之一。使规划调控机制为城市经济社会发展服务，优化城市功能，整合现有知识、信息、人才资源，从环境机制、土地利用等方面调控要素配置，促进城镇化与生态环境良性互动，实现城市经济发展高效化、城市环境优质化、城市社会文明化、城市管理科学化，达到经济效益、社会效益和环境效益三者的共赢。

（一）城市经济发展高效化

经济发展高效化是城镇化与生态环境协调发展最有力的体现与目标。通过城镇化与生态环境的协调发展，经济增长方式由粗放式转变为集约式，提高资源利用效率，降低能源消耗，减少污染排放，使得城市经济实现高效化发展。

（二）城市环境优质化

随着经济发展水平的提高，人们对优美城市环境、优质生活的需求越来越强烈。城市环境优美，城市居民心情愉悦，幸福指数更高，获得感更强，城市居民会更加注意保护与改善环境，使得城市环境建设步入良性发展，为经济发展提供更强保障。

（三）城市社会文明化

社会文明化注重提高人口素质，提高人的环保意识，提高人的修养等，使人民自觉的爱护环境、保护环境，接受并履行节约型、循环型的生活方式，促进城乡社会、文化、生态的持续、稳定、协调发展。

（四）城市管理科学化

快速城镇化过程中，不可避免地对生态环境造成影响与破坏，运用科学的管理方法协调好城镇化与生态环境的冲突与矛盾，保证城市各项功能高效运转，城市管理的作用越来越重要。建立高效、合理、动态发展的城市管理体制，提高城市科学管理水平，是实现城镇化与生态环境协调发展的重要保证。

三、产业调控机制

产业发展是城镇化的根本动力，城镇化的发展必须有相应的产业作为支撑。现代化的城市产业是城镇化与生态环境协调发展的基础和条件。现代化的城市产业具有技术含量高、经济效益高、资源消耗低、环境污染少的特点。现代化的产业要求企业具有先进生产技术、环保技术和管理理念，通过清洁生产实现"资源—产品—再资源化"的闭环式生产流程，实现资源利用的高效化、减量化和资源化。为促进城镇化与生态环境的良性互动，城镇化过程中必须建立多个企业或产业相互关联、互动发展的生态产业体系，逐步淘汰高污染、高能耗、市场竞争力差的产业，树立循环经济理念，大力发展循环经济和绿色产业，促进产业生态化和高级化。

（一）循环经济发展模式

循环经济本质上是一种生态型经济，以资源的高效利用和循环利用为核心，以减量化、再利用、资源化为原则，以低消耗、低排放、高效率为特征，按照生态规律利用自然资源和环境容量，促进人与自然和谐发展的新的经济形态，是传统经济增长模式的根本变革，可以有效提高经济质量和效益。

发展循环经济是城市可持续发展的重要载体。城市循环经济模式的建设要加强产业调控的力度，使城市产业由单向流动的线性方式向物质反复循环的闭环式转变，实现从末端治理到源头控制，从利用废物到减少废物的质的飞跃，实现城镇化与生态环境的协调发展。

发展循环经济，一是要积极推广清洁生产，严格限制和淘汰能耗高、物耗高、污染重的落后工艺、技术和设备，提高清洁生产技术的开发水平和创新能力；二是要建设循环经济示范基地，为循环经济发展提供示范；三是要推进园区生态化改造，统筹考虑园区产业、资源、基础设施的合理利用和高度共享，高标准构筑园区生态环保体系；四是要积极发展资源综合利用产业，促进废弃物资源化。

（二）绿色产业发展模式

绿色产业包括绿色科技的开发与推广、绿色产品的生产以及绿色包装与绿色营销的推广。绿色产业是生态建设的保障，主要内容包括清洁生产技术，生物防治技术的开发与利用，节能、节水、低污染、可再生、可回收的绿色产品的生产，是实现少投入、高产出、低污染，尽可能把对环境污染物的排放消除在生产过程之中的产业。

随着人们消费方式的改变，对绿色环保节能型产品的消费需求增加。发展绿色产业是培育城市经济的新增长点，要按照低投入、高产出、低消耗、少排放的资源节约型经济的要求，逐步淘汰高污染、高能耗、低产出的粗放型产业，利用资源的优化配置来推进产业结构调整优化，依靠技术创新和科技进步来提高资源配置效率。

四、社会文化调控机制

城镇化与生态环境的协调发展需要先进文化的支撑，先进的社会文化有利于改变粗放式的经济增长方式，改变不良的消费习惯，有利于生态环境的保护。城镇化进程中产生大量异质人口集聚，存在生活方式、文化素质、消费观念等的差异，可通过提高公众的可持续发展意识和环保意识，鼓励绿色消费、倡导绿色生活，促进城镇化与生态环境协调发展。

绿色消费是一种以"自然、和谐、健康"为宗旨的有益于人类健康和社会环境的消费模式，消费无污染、有利于健康的产品，消费行为有利于节约能源、保护生态环境。倡导绿色消费模式，引导人们以适度消费代替过度消费，以节约代替挥霍，采取健康的消费行为，反对奢侈浪费、超前消费和过度消费。

　　绿色文化是以可持续发展理念为指导，以生态环境保护为重点，形成环境优美、资源高效利用、人与自然协调共生、居民养成良好的行为规范的文化传播过程。建设绿色文化，在承认城乡文化异质的基础上，用公认、理性、进步的文化价值观将城乡文化统一起来，把乡土观念和现代城市文明有机结合起来，有利于人们生活方式的改变、消费观念的更新，创造一种有利于节约资源、保护环境、与自然和谐的生活方式和行动，促进城镇化与生态环境的可持续发展。

第五章

北部湾城市群城镇化与生态环境
发展现状及特点

第一节
北部湾城市群发展概况

一、北部湾城市群的空间范围及基本情况

(一) 北部湾基本情况

北部湾地理位置特殊，位于我国南海西北部，东临雷州半岛和海南岛，北临广西壮族自治区，西临越南，与琼州海峡和中国南海相连，是一个半封闭的海湾，被中越两国陆地与中国海南岛所环抱，是中国大西南地区出海口最近的通路。北部湾地处热带和亚热带，冬季受大陆冷空气的影响，多东北风。北部湾三面为陆地环抱，海底比较单纯，从湾顶向湾口逐渐下降，海底较平坦，沉积层厚达数千米，蕴藏丰富的石油和天然气资源。

(二) 广西北部湾经济区基本情况

广西北部湾经济区地处我国沿海西南端，处于北部湾顶端的中心位置，主要由广西南宁、北海、钦州、防城港4市所辖行政区域及玉林、崇左两市的交通、物流组成，陆地国土面积4.25万平方公里，海域总面积近13万平

方公里，海岸线长 1 595 公里。北部湾经济区是我国西部大开发地区唯一的沿海区域，也是我国与东盟国家既有海上通道、又有陆地接壤的区域，是通往东盟的陆路、海路的桥头堡，区位优势明显，战略地位突出。

2008 年 1 月 16 日，国务院批准实施《广西北部湾经济区发展规划》，标志着广西北部湾经济区的开放开发正式纳入国家战略，并作为我国第一个"重要国际区域经济合作区"全面拉开建设开发序幕，将在促进我国东中西地区良性互动发展和促进中国—东盟自由贸易区建设中发挥重要作用。[①]

（三）北部湾城市群基本情况

北部湾城市群是国务院于 2017 年 1 月 20 日批复同意建设的国家级城市群，规划覆盖范围包括广西壮族自治区的南宁市、北海市、钦州市、防城港市、玉林市、崇左市，广东省的湛江市、茂名市、阳江市和海南省的海口市、儋州市、东方市、澄迈县、临高县、昌江黎族自治县，共 15 个城市；北部湾城市群背靠祖国大西南、毗邻粤港澳、面向东南亚，位于全国"两横三纵"城镇化战略格局中沿海纵轴最南端，是我国沿海沿边开放的交汇地区，在我国与东盟开放合作的大格局中具有重要战略地位；北部湾城市群规划陆域面积 11.66 万平方公里，海岸线 4 234 公里，还包括相应海域；2015年末常住人口 4 141 万人，地区生产总值 16 295 亿元，分别占全国的 3.01% 和 2.25%。[②]

《北部湾城市群发展规划》指出，北部湾城市群的总体定位是：发挥地缘优势，挖掘区域特质，建设面向东盟、服务"三南"（西南中南华南）、宜居宜业的蓝色海湾城市群；北部湾城市群将强化南宁核心辐射带动，打造"一湾双轴、一核两极"的城市群框架："一湾双轴"即以北海、湛江、海口等城市为支撑的环北部湾沿海地区，以北钦防和湛茂阳城镇发展轴；"一

---

① 中国政府批准实施《广西北部湾经济区发展规划》［BE/OL］.中央政府门户网站，http://www.gov.cn，2008 – 02 – 22.

② 国家发改委，住房城乡建设部.北部湾城市群发展规划［R］.2017 – 01 – 20.

核两极"则是以南宁为核心城市,以海口和湛江为中心的两个增长极。

二、北部湾城市群各城市发展概况

(一)南宁市

南宁市简称"邕",是广西壮族自治区首府,处于中国华南、西南和东南亚经济圈的结合部,位于广西的西南部,是中国面向东盟开放合作的前沿城市、中国—东盟博览会永久举办地、北部湾经济区核心城市、国家"一带一路"有机衔接的重要门户城市。在西部大开发和中国—东盟自由贸易区中,南宁具有承东启西、连南接北的区位优势。

南宁市总面积 22 112 平方公里,下辖 7 个市辖区、5 个县,总人口 740.23 万人。2016 年,实现地区生产总值 3 703.39 亿元,比上年增长 7%;财政收入 613.83 亿元,比上年增长 7.22%,财政收入占广西比重达 25%;规模以上工业总产值 3 537.05 亿元,比上年增长 8.83%;固定资产投资 3 824.73亿元,比上年增长 13.6%;社会消费品零售总额 1 980.36 亿元,比上年增长 10.84%。[①]

南宁市地处亚热带,地形地貌为典型的山地、丘陵和盆地,平均海拔 76.5 米,气候温和,雨量充沛。2016 年,南宁市森林覆盖率达 47.66%,建成区绿地率 37.12%,绿化覆盖率达 43.1%,人均公园绿地面积为 12.01 平方米;先后获得"全国文明城市""中国人居环境奖""中国优秀旅游城市""国家节水型城市""2015 中国十大幸福城市"等荣誉称号;2015 年荣获全国首批"国家生态园林城市",是 7 个获奖城市中唯一的省会城市。[②]

---

① 2016 年南宁市国民经济发展统计公报 [BE/OL]. 南宁市人民政府门户网站,http://www. nanning. gov. cn,2017 - 04 - 25.

② 南宁简介 [BE/OL]. 南宁市人民政府门户网站,http://www. nanning. gov. cn,2017 - 07 - 03.

（二）北海市

北海市位于广西南部、北部湾东海岸，区位优势突出，地处华南经济圈、西南经济圈和东盟经济圈的结合部，是中国西部地区唯一列入全国首批14个进一步对外开放的沿海城市。

北海市辖3区1县，总人口174.3万人。2016年，北海实现地区生产总值1 007.28亿元，比上年增长8.6%；财政收入166.31亿元，比上年增长16.3%；规模以上工业总产值2 180.74亿元，比上年增长16.4%；固定资产投资1 011.1亿元，比上年增长9.9%；社会消费品零售总额225.34亿元，比上年增长11%。①

北海市开放历史悠久，文化底蕴深厚，是古代"海上丝绸之路"的重要始发港，海岸线全长668.98公里，海滩涂500公里；北海市旅游资源丰富，生态环境优良，是享誉海内外的旅游休闲度假胜地。北海市土地面积3 337平方公里，森林面积13.4万公顷，森林覆盖率达36.3%，淡水资源总量32.27亿立方米，年可利用量达12.35亿立方米；曾荣获"全国10个空气质量最好的城市""中国十大休闲城市"称号，两次获中国人居环境范例奖殊荣，2012年获评为"国家园林城市"。②

（三）钦州市

钦州市地处广西南部沿海，北部湾北岸，广西北部湾经济区的海陆交通枢纽、西南地区便捷的出海通道，是中国—东盟自由贸易区的前沿城市，交通便利，有多条铁路（高速铁路）、高等级公路在境内交会。

钦州市陆地总面积10 895平方公里，大陆海岸线562.64公里。海域面积1 649平方公里，有大小岛屿294个；钦州市旅游景区景点遍布各处，主

---

① 2016年北海市国民经济和社会发展公报. 北海市人民政府门户网站，http://www.beihai. gov.cn，2017 – 06 – 30.

② 北海概况［BE/OL］. 北海市人民政府门户网站，http://www.beihai.gov.cn，2017 – 02 – 13.

要由滨海风光、人文胜地、山水景观、工农业观光四大旅游特色构成；钦州市森林覆盖率54.2%，森林蓄积量3 034万立方米，环境质量总体良好，2016年，钦州城区环境空气质量综合指数为3.7，空气质量优良率（达标率）95.1%，全市地表水水质优良比例为85.7%。①

2016年，钦州市实现地区生产总值1 102亿元，比上年增长9%，增速分别高于全国、广西全区2.3个和1.7个百分点；固定资产投资950.9亿元，比上年增长17.4%；规模以上工业总产值完成1 524.1亿元，比上年增长11.7%；社会消费品零售总额完成3 732.6亿元，比上年增长12%；三次产业对经济增长的贡献率分别为9.6%、51%和39.4%。②

（四）防城港市

防城港市地处广西南部、中国大陆海岸线最西南端，北接南宁市的邕宁区和崇左市的扶绥县，东与钦州市毗邻，西与宁明县接壤，南濒北部湾，西南与越南交界，陆路、水路皆可连通东南亚，是中国大西南连接东盟最便捷的通道，是北部湾畔唯一的全海景生态海湾城市，享有中国氧都、中国长寿之乡、中国白鹭之乡等美誉，城市环境空气质量优良率达100%。③

2016年，防城港市常住人口92.90万人，全年实现生产总值676.12亿元，比上年增长9.1%，人均生产总值73 197元；三次产业为12.0∶57.1∶30.9，对经济增长的贡献率分别为5.3%、72.3%、22.4%；财政收入75.61亿元，比上年增长7.0%；工业总产值1 522.47亿元，比上年增长14.2%，其中，规模以上工业产值1 501.24亿元，比上年增长14.3%；固定资产投资完成600.14亿元，比上年增长14.1%；实现社会消费品零售总额111.89亿元，比上年增长10.8%。④

---

① 概览钦州［BE/OL］.钦州市人民政府门户网站，http://www.qinzhou.gov.cn，2017 – 10 – 30.
② 钦州市2016年国民经济和社会发展统计公报［BE/OL］.钦州市人民政府门户网站，http://www.qinzhou.gov.cn，2017 – 06 – 30.
③ 认识防城港［BE/OL］.防城港市人民政府门户网站，http://fcgs.gov.cn，2017 – 03 – 02.
④ 2016年防城港市国民经济和社会发展统计公报［BE/OL］.防城港市人民政府门户网站，http://fcgs.gov.cn，2017 – 07 – 06.

（五）玉林市

玉林市地处桂东南，毗邻粤港澳，前临北部湾，背靠大西南，面向东南亚，处于华南经济圈与大西南经济圈结合部，是广西融入泛珠三角、泛北部湾区域的桥头堡，是东部通向东盟的重要陆路通道和跳板。

玉林市总面积 1.28 万平方公里，2015 年末总人口 711 万，是中国优秀旅游城市，拥有国家 AAAA 级景区 5 个，AAA 级景区 11 个，国家重点文物保护单位 2 个，形成了休闲养生、历史文化、祈福感恩等特色旅游。[1]

2016 年，玉林市总人口 717.32 万人，全年全市生产总值 1 553.91 亿元，比上年增长 8.0%；三次产业结构为 17.9：42.8：39.3，对经济增长的贡献率分别为 4.7%、52.6% 和 42.7%；财政收入 150.28 亿元，比上年增长 7.7%；全部工业增加值 521.11 亿元；其中规模以上工业增加值 470.06 亿元，比上年增长 8.8%；固定资产投资 1 467.10 亿元，比上年增长 10.1%；社会消费品零售总额 660.43 亿元，比上年增长 10.01%。[2]

（六）崇左市

崇左市位于中国西南边陲，东北部与南宁市相邻，东部与钦州市毗邻，东南部与防城港市相接，西北部与百色市相邻，西及西南部与越南接壤，处于华南经济圈、西南经济圈和东盟经济圈交汇的中心地带，处在"南宁—谅山—河内—海防—广宁"经济走廊的大通道上；崇左市历史文化悠久，旅游资源丰富，大新德天跨国瀑布景区、凭祥友谊关、凭祥红木文博城为 AAAA 级国家旅游景区，形成独具特色的"南国边关风情游"旅游线路。[3]

---

① 玉林市概况［BE/OL］. 玉林市人民政府门户网站，http://www. yulin. gov. cn，2016 - 11 - 24.

② 2016 年玉林市国民经济和社会发展统计公报［BE/OL］. 玉林市人民政府门户网站，http://www. yulin. gov. cn，2017 - 05 - 19.

③ 聚焦崇左［BE/OL］. 崇左市人民政府门户网站，http://www. chongzuo. gov. cn，2015 - 06 - 20.

2016 年，崇左市行政区域土地面积 17 331.76 平方公里，全年耕地面积 779.05 万亩，常住人口 206.92 万人；全年地区生产总值 766.20 亿元，比上年增长 8.2%；第一、第二、第三产业增加值占地区生产总值的比重分别为 21.9%、40.5% 和 37.6%，对经济增长的贡献率分别为 9.4%、38.7% 和 51.9%；工业增加值 257.13 亿元，比上年增长 7.0%，其中规模以上工业增加值增长 7.1%；全年固定资产投资 831.41 亿元，比上年增长 20.2%；社会消费品零售总额 131.34 亿元，比上年增长 10.0%。[①]

（七）湛江市

湛江市位于中国大陆最南端、广东省西南部，处在粤、桂、琼三省（区）结合部，是中国唯一的热带、亚热带半岛海湾城市，面积 1.326 万平方公里，辖 5 县（市）4 区，是我国大陆南端的港口城市，为全国首批对外开放的沿海城市，拥有中国优秀旅游城市、国家园林城市、中国十佳绿色城市等荣誉称号。

2016 年，湛江市全市常住人口 727.3 万人，实现生产总值 2 584.78 亿元，比上年增长 7.9%，三次产业结构为 19.6∶38.1∶42.3；财政总收入 466.19 亿元，比上年下降 5.2%；全部工业完成增加值 862.21 亿元，比上年增长 10.7%，其中规模以上工业企业实现增加值 766.52 亿元，比上年增长 11.5%；固定资产投资 1 531.60 亿元，比上年增长 16.6%；社会消费品零售总额 1 432.96 亿元，比上年增长 9.5%；全体居民人均可支配收入 17 934.4 元，比上年增长 7.8%。[②]

（八）茂名市

茂名市地处广东省西南部，背靠祖国大西南，东毗阳江市，北东连云浮

---

① 2016 年崇左市国民经济和社会发展统计公报［BE/OL］.崇左市人民政府门户网站，http://www.chongzuo.gov.cn，2017－06－30.

② 2016 年湛江市国民经济和社会发展统计公报［BE/OL］.湛江市人民政府门户网站，http://www.zhanjiang.gov.cn，2017－02－20.

市，北西邻广西，南部与湛江南海接壤；全市辖 3 县 2 区，截至 2015 年底，辖区面积 1 142 707 公顷，农用地面积 983 759 公顷，其中耕地面积 227 555 公顷；茂名具有丰富的旅游资源，自然山水与人文古迹相辉映，粤西风情浓郁，地方特色鲜明。[①]

2016 年，茂名市全市户籍人口 798.85 万人；全市实现地区生产总值 2 636.74 亿元，比上年增长 7.1%；三次产业结构为 16.4∶40.2∶43.4，人均地区生产总值 43 211 元，比上年增长 6.4%；工业增加值比上年增长 7.1%，其中规模以上工业完成总产值 2 492.73 亿元，实现增加值 765.51 亿元，比上年增长 7.4%；固定资产投资 1 262.76 亿元，比上年增长 13.2%；社会消费品零售总额 1 339.88 亿元，比上年增长 10.3%；居民人均可支配收入 18 403 元，比上年增长 9.2%。[②]

（九）阳江市

阳江市地处广东西南沿海，扼粤西要冲，东邻恩平市、台山市交界，北接云浮市的罗定市、新兴县及茂名市的信宜市，西接茂名市的高州市、电白县，南临南海；阳江市海岸线总长度 458.6 公里，主要岛屿 40 个，岛岸线长 135.13 公里，属亚热带气候，雨量充沛，气候温和。[③]

2016 年，阳江市常住人口 252.84 万人，全市实现地区生产总值 1 319.33 亿元，比上年增长 6.7%，三大产业比例为 17.2∶41.4∶41.4，对 GDP 的贡献率分别为 8.3%、31.6%和 60.1%；全年规模以上工业总产值 2 045.80 亿元，比上年增长 4.3%；全年固定资产投资 503.92 亿元，比上年下降 27.1%；社会消费品零售总额 634.83 亿元，比上年增长 8.6%；全体居民人均可支配收入 19 513 元，比上年增长 9.8%。[④]

---

① 茂名市概况 [BE/OL]. 茂名市人民政府门户网站，http://tjj. maoming. gov. cn，2017 – 05 – 26.
② 2016 年茂名市国民经济和社会发展统计公报 [BE/OL]. 茂名市人民政府门户网站，http:// tjj. maoming. gov. cn，2017 – 03 – 17.
③ 阳江概况 [BE/OL]. 阳江市人民政府门户网站，http://www. yjtjj. gov. cn，2015 – 05 – 05.
④ 阳江市 2016 年国民经济和社会发展统计公报 [BE/OL]. 阳江市人民政府门户网站，http:// www. yjtjj. gov. cn，2017 – 05 – 08.

（十）海口市

海口市地处海南岛北部，相隔 18 海里与广东省海安镇相望，东面与文昌市相邻，南接文昌市、定安县，西面邻接澄迈县；海口属于热带海洋气候，拥有全国单体面积最大的东寨港红树林湿地、我国唯一的热带海岛城市火山群地质公园，先后获得国家历史文化名城、中国优秀旅游城市、国家园林城市等多项荣誉称号。①

2016 年，海口市常住人口 224.6 万人，实现地区生产总值 1 257.67 亿元，比上年增长 7.7%，人均地区生产总值 56 284 元，比上年增长 6.6%，三次产业结构为 5.4∶18.6∶76.0；实现全口径一般公共预算收入 330.94 亿元，同口径同比增长 23.7%；实现全口径一般公共预算收入 330.94 亿元，同口径同比增长 23.7%；全社会固定资产投资 1 271.73 亿元，比上年增长 25.7%；全社会消费品零售总额 653.89 亿元，比上年增长 9.8%；全市常住居民人均可支配收入 26 447 元，比上年增长 8.2%。②

（十一）儋州市

儋州市地处海南西北部，濒临北部湾，北至省会海口市 130 多公里，南距三亚市 280 多公里，是海南西部的经济、交通、通信和文化中心，海岸线长 267.27 公里，浅海和滩涂面积达 30 万亩，海洋资源丰富，土地肥沃，适宜种植各种热带水果、名贵花卉及南药等中药材，具备发展热带高效农业的优越条件，先后获得了"全国文明示范市""全国城市环境综合治理优秀市""中国优秀旅游城市"等荣誉称号。③

2016 年，儋州市户籍总人口 94.54 万人，完成地区生产总值 258.78 亿元，比上年增长 7.7%，人均地区生产总值 27 885 元，比上年增长 7.2%；

---

① 海口市情［BE/OL］. 海口市人民政府门户网站，http://www.haikou.gov.cn，2017 - 06 - 22.

② 2016 年海口市国民经济和社会发展统计公报［BE/OL］. 海口市人民政府门户网站，http://www.haikou.gov.cn，2017 - 02 - 10.

③ 走进儋州［BE/OL］. 儋州市人民政府门户网站，www.danzhou.gov.cn，2015 - 06 - 02.

完成工业增加值 11.74 亿元，比上年增长 4.3%，其中，规模以上工业增加值 9.91 亿元，比上年增长 4.3%；全口径一般公共预算收入 29.83 亿元，比上年增长 37.5%；全市固定资产投资 163.58 亿元，比上年增长 25.5%；实现社会消费品零售总额 76.37 亿元，比上年增长 9.9%；常住居民人均可支配收入 19 083 元，比上年增长 9.3%。①

（十二）东方市

东方市地处海南省西南部，北距海口 210 公里，南距三亚 180 余公里。南及东南与乐东县接壤，北至东北隔昌化江与昌江黎族自治县交界，西临北部湾，与越南隔海相望，北靠黎母山脉。东方属热带季风海洋性气候，日照充足，年平均气温 25 摄氏度；阳光、海水、沙滩、绿色、空气生态旅游五大要素兼备，山海、江湖、温泉、热带雨林旷世难得，资源稀有。②

2016 年，东方市地区生产总值 149.55 亿元，比上年增长 1.5%，三次产业占 GDP 的比重分别为 29.6%、40.4%、30.0%；工业总产值 159.23 亿元，比上年下降 13.2%，固定资产完成投资 49.26 亿元，增长 3.9%；地方一般公共预算收入完成 14.61 亿元，比上年增长 1.0%；居民人均可支配收入 18 507 元，比上年增长 9.1%。③

（十三）澄迈县

澄迈县位于海南岛的西北部，毗邻省会海口市，陆地面积 2 076 平方公里、海域面积 1 100 平方公里；澄迈县物产丰富，气候宜人，历史底蕴深厚，旅游资源丰富，以天然的生态环境，优美的自然景观，温润的气候条件，特色的富硒美食，悠久的历史人文景观，古老的火山岩古村落群，快速

---

① 2016 年儋州市国民经济和社会发展统计公报［BE/OL］. 儋州市人民政府门户网站，www. danzhou. gov. cn，2017 – 03 – 22.

② 东方概况［BE/OL］. 东方市人民政府网站，http://dongfang. hainan. gov. cn，2010 – 07 – 19.

③ 2016 年东方市经济运行情况分析［BE/OL］. 海南省政府网信息公开栏，http://xxgk. hainan. gov. cn，2017 – 02 – 09.

的社会经济发展，备受世人瞩目，先后获得"世界长寿之乡""中国绿色名县""中国最佳休闲旅游县"等多项国家级以上殊荣。①

2016 年，澄迈县全县实现地区生产总值 286.78 亿元，比上年同期增长 9.1%，三次产业占比为 25.8 ∶ 37.2 ∶ 37.0；全县规模以上工业实现总产值 222.59 亿元，比上年同期增长 6.8%；全口径财政总收入 56.09 亿元，比上年同期增长 1.3%；全社会固定资产投资完成 363.14 亿元，比上年同期增长 15.2%；实现社会消费品零售总额 45.51 亿元，比上年同期增长 10.2%；城乡常住居民人均可支配收入 19 345 元，比上年同期增长 8.9%。②

（十四）临高县

临高县位于海南岛西北部，东邻澄迈县，西南与儋州市相接，北濒琼州海峡。全境东西宽 34 公里，南北长 47 公里，陆地面积 1 317 平方公里，海岸线长 71 公里，海域面积 376 平方公里，海滩涂 19 万亩；临高县地势平坦，土地肥沃，物产丰富，历来有"鱼米之乡"的美誉。风土人情独特，被评为"中国民间艺术之乡""中国太极拳之乡"和"中华诗词之乡"。2016 年全县地区生产总值 159.98 亿元，比上年增长 6.7%；地方公共财政预算收入 4.12 亿元，比上年下降 1.7%；固定资产投资 41.73 亿元，比上年下降 48.3%；城镇居民人均可支配收入 24 000 元，农村居民人均可支配收入 10 678 元，分别比上年增长 7.8% 和 10%；社会消费品零售总额 34.35 亿元，比上年增长 10%。③

（十五）昌江黎族自治县

昌江黎族自治县位于海南省西北偏西部，东与白沙黎族自治县毗邻，南

---

① 澄迈概况 [BE/OL]. 澄迈县人民政府门户网站，http://chengmai. hainan. gov. cn，2017 – 11 – 01.

② 2016 年澄迈县经济运行情况分析 [BE/OL]. 澄迈县人民政府门户网站，http://chengmai. hainan. gov. cn，2017 – 03 – 01.

③ 临高县概况 [BE/OL]. 临高县人民政府门户网站，http://www. lingao. gov. cn，2017 – 11 – 11.

与乐东黎族自治县相接，西南与东方市以昌化江为界对峙相望，西北濒临北部湾，东北部隔珠碧江同儋州市相连；昌江是典型的热带季风气候区，年平均气温24.3摄氏度，四季如春，日照充足，年平均降水量为1 676毫米。昌江土地总面积1 617平方公里，土地面积243万亩，其中耕地面积56.6万亩；海岸线63.7公里，水域面积8.3万亩。[①]

2016年，昌江黎族自治县实现生产总值103.17亿元，比上年增长10.5%，三次产业比例为31.3∶40.8∶27.9；规模以上工业实现产值76.90亿元，比上年增长20.5%；地方公共财政预算收入完成10.03亿元，比上年增长12.8%；实现社会消费品零售额17.58亿元，比上年增长9.5%；全体居民人均可支配收入20 126元，比上年增长8.4%。[②]

第二节
北部湾城市群城镇化发展现状及特点

一、人口城镇化发展现状及特点

（一）常住人口规模不断扩大

近年来，随着城市经济社会的发展，农业人口快速向城市转移，城市人口不断集聚，北部湾城市群常住总人口规模不断扩大。2016年底，北部湾城市群常住总人口达4 144.18万人，比2011年的3 979.85万人增加了164.33万人，增长了4.13%，见图5-1。

---

① 昌江黎族自治县概况［BE/OL］. 昌江黎族自治县人民政府门户网站，http://www. changjiang. gov. cn，2017 - 11 - 11.
② 2016年昌江黎族自治县经济运行情况及2017年经济展望［BE/OL］. 海南省政府网信息公开栏，http://xxgk. hainan. gov. cn，2017 - 02 - 04.

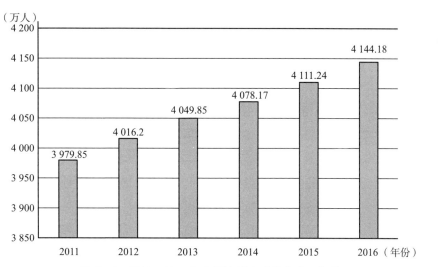

图 5 - 1 2011 ~ 2016 年北部湾城市群常住人口规模

资料来源:《广西统计年鉴》(2012 ~ 2017 年)、《广东统计年鉴》(2012 ~ 2017 年)、《海南统计年鉴》(2012 ~ 2017 年)。

从北部湾城市群各城市常住人口规模看,湛江市、南宁市、茂名市、玉林市等 4 个城市的常住人口超过 500 万人,其中湛江市由 2011 年的 706.92 人增加到了 727.30 万人,增长 2.45%;南宁市由 2011 年的 673.4 万人增加到 2016 年的 706.22 万人,增长 3.74%;茂名市由 2011 年的 588.26 万人增加到 2016 年的 612.32 万人,增长 3.37%;玉林市由 2011 年的 553.84 万人增加到 2016 年的 575.6 万人,增长 3.05%,见表 5 - 1、图 5 - 2。

钦州市、阳江市、海口市、崇左市、北海市等 5 个城市 2016 年底常住人口为 100 万人以上,500 万人以下,分别为 324.3 万人、252.84 万人、224.36 万人、206.92 万人、164.37 万人,分别比 2011 年增长了 3.19%、2.71%、5.99%、2.14%、4.59%,见表 5 - 1、图 5 - 2。

儋州市和防城港市 2016 年底常住人口介于 50 万 ~ 100 万人之间,分别为 98.45 万人、92.9 万人,分别比 2011 年增长了 3.75%、4.55%;澄迈县、临高县、东方市、昌江黎族自治县 4 个城市 2016 年底常住人口 50 万人下,分别为 48.71 万人、44.56 万人、42.27 万人、23.06 万人,分别比 2011 年增长了 2.91%、2.78%、2.44%、2.18%,见表 5 - 1、图 5 - 2。

表5-1　　　　2011～2016年北部湾城市群各城市常住人口规模　　　单位：万人

序号	城市	2011年	2012年	2013年	2014年	2015年	2016年
1	湛江市	706.92	710.92	716.7	721.24	724.24	727.3
2	南宁市	673.4	679.1	685.4	691.38	698.61	706.22
3	茂名市	588.26	596.76	601.3	604.9	608.08	612.32
4	玉林市	553.84	558.1	562.3	566.01	570.72	575.6
5	钦州市	311	313.3	315.9	318.06	320.93	324.3
6	阳江市	244.49	247	247.96	248	251.12	252.84
7	海口市	209.73	214.1	217.1	220.07	222.3	224.36
8	崇左市	201.14	202	202.8	203.98	205.45	206.92
9	北海市	155.44	156.7	159	160.37	162.57	164.37
10	儋州市	94.24	95.3	96.1	96.96	97.77	98.45
11	防城港市	87.84	88.7	89.9	90.8	91.84	92.9
12	澄迈县	47.02	47.3	47.67	47.99	48.39	48.71
13	临高县	43.09	43.3	43.62	43.96	44.29	44.56
14	东方市	41.01	41.14	41.45	41.68	42.01	42.27
15	昌江黎族自治县	22.43	22.48	22.65	22.77	22.92	23.06

资料来源：《广西统计年鉴》（2012～2017年）、《广东统计年鉴》（2012～2017年）、《海南统计年鉴》（2012～2017年）。

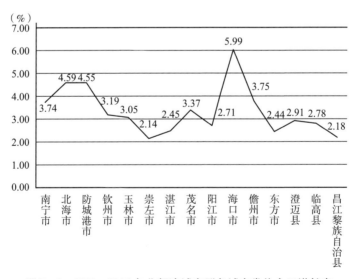

图5-2　2011～2016年北部湾城市群各城市常住人口增长率

资料来源：《广西统计年鉴》（2012～2017年）、《广东统计年鉴》（2012～2017年）、《海南统计年鉴》（2012～2017年）。

（二）城镇人口规模持续扩大

近年来，随着城市产业的发展，农村人口不断向城市转移，北部湾城市群城镇人口规模持续扩大。2016 年底，北部湾城市群城镇人口总数达 2 024.89 万人，比 2011 年的 1 723.16 万人增加了 301.73 万人，增长 17.51%，增长的速度明显快于常住总人口的增长速度的 4.13%，见图 5 - 3。

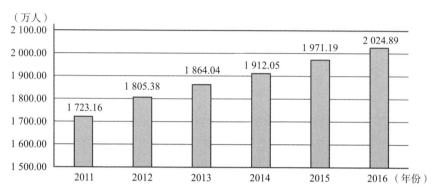

图 5 - 3　北部湾城市群 2011 ~ 2016 年城镇人口规模

资料来源：《广西统计年鉴》（2012 ~ 2017 年）、《广东统计年鉴》（2012 ~ 2017 年）、《海南统计年鉴》（2012 ~ 2017 年）。

从北部湾城市群各城市看，2011 ~ 2016 年，北部湾城市群 15 个城市中，城镇常住人口均呈现持续扩大的趋势。南宁市城镇人口 2014 年突破了 400 万人，2016 年达 425.34 万人，在北部湾城市群中居第 1 位，比 2011 年增加了 57.97 万人，增长 15.78%；湛江市 2016 年城镇人口突破 300 万人，达到 301.39 万人，在北部湾城市群中居第 2 位，比 2011 年增加了 37.99 万人，增长 14.24%；2016 年玉林市和茂名市城镇人口均超过 200 万人，分别为 272.07 万人和 249.83 万人，分别比 2011 年增长了 18.44% 和 18.23%；2016 年海口市、阳江市、钦州市 3 个城市的城镇人口均超过 100 万人，分别达到 174.51 万人、128.47 万人、122.59 万人，分别比 2011 年增长了 15.01%、11.87%、21.28%，见表 5 - 2、图 5 - 4。

北海市、崇左市、儋州市、防城港市 4 个城市 2016 年城镇人口在 50 万~100 万人之间，分别为 92.52 万人、77.00 万人、52.52 万人、52.36 万人，分别比 2011 年增长 18.10%、29.72%、25.41%、18.78%；澄迈县、临高县、东方市、昌江黎族自治县 4 个城市 2016 年城镇人口在 50 万以下，分别为 25.06 万人、19.55 万人、19.35 万人、12.33 万人，分别比 2011 年增长 35.97%、25.64%、25.89%、15.23%，见表 5 - 2、图 5 - 4。

从 2011~2016 年城镇人口增长率看，增长最快的 3 个城市是澄迈县、崇左市、东方市，增长率分别为 35.79%、29.72%、25.89%；增长最慢的 3 个城市是阳江市、湛江市、海口市，增长率分别为 11.87%、14.42%、15.01%，见图 5 - 4。

表 5 - 2　　　　　2011~2016 年北部湾城市群城镇人口规模　　　　单位：万人

序号	城市	2011 年	2012 年	2013 年	2014 年	2015 年	2016 年
1	南宁市	367.37	382.21	395.24	403.7	414.32	425.34
2	湛江市	263.4	272.5	280.23	287.13	295.01	301.39
3	玉林市	229.71	241.03	249.66	258.1	265.45	272.07
4	茂名市	211.3	223.37	230.46	235.97	243.35	249.83
5	海口市	151.74	161.63	165.18	168.6	171.68	174.51
6	阳江市	114.84	118.56	121	122.6	125.33	128.47
7	钦州市	101.08	106.97	111.66	114.88	118.84	122.59
8	北海市	78.34	81.76	84.49	87.33	89.96	92.52
9	崇左市	59.36	63.29	66.53	68.96	74.54	77.00
10	儋州市	41.88	44.14	45.63	47.18	50.12	52.52
11	防城港市	44.08	46.05	47.66	49.09	50.63	52.36
12	澄迈县	18.43	19.66	20.47	21.17	23.02	25.06
13	临高县	15.56	16.55	17.34	17.97	18.59	19.55
14	东方市	15.37	16.66	17.26	17.83	18.45	19.35
15	昌江黎族自治县	10.7	11	11.23	11.54	11.9	12.33

资料来源：《广西统计年鉴》（2012~2017 年）、《广东统计年鉴》（2012~2017 年）、《海南统计年鉴》（2012~2017 年）。

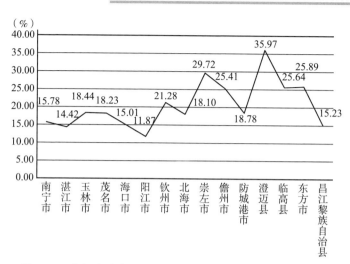

图 5 - 4　北部湾城市群各城市 2011～2016 年城镇人口增长率

资料来源:《广西统计年鉴》(2012～2017 年)、《广东统计年鉴》(2012～2017 年)、《海南统计年鉴》(2012～2017 年)。

按照 2016 年城镇人口规模,可将北部湾城市群 15 个城市分为四个等级,其中仅南宁市 1 个城市的城镇常住人口达 400 万人以上,占城市总数的 6.67%;玉林市、湛江市、茂名市 3 个城市城镇常住人口介于 200 万～400 万人之间,占城市总数的 20%;钦州市、阳江市、海口市 3 个城市城镇常住人口介于 100 万～200 万人之间,占城市总数的 20%;北海市、防城港市、崇左市、儋州市 4 个城市城镇常住人口介于 50 万～100 万人之间,占城市总数的 26.67%;东方市、澄迈县、临高县、昌江黎族自治县 4 个城市城镇常住人口 50 万人以下,占城市总数的 26.67%,见表 5 - 3。

表 5 - 3　　　2016 年北部湾城市群各城市按常住城镇人口分类情况

序号	人口规模范围	包含城市	城市个数	所占比例 (%)
1	400 万人以上	南宁	1	6.67
2	200 万～400 万人	玉林、湛江、茂名	3	20.00
3	100 万～200 万人	钦州、阳江、海口	3	20.00
4	50 万～100 万人	北海、防城港、崇左、儋州	4	26.67
5	50 万人以下	东方、澄迈、临高、昌江	4	26.67

资料来源:《广西统计年鉴》(2012～2017 年)、《广东统计年鉴》(2012～2017 年)、《海南统计年鉴》(2012～2017 年)。

(三) 人口城镇化率不断提高

当前反映一个国家或地区城镇化水平的指标，一般用人口城镇化率作为标准，即指一个地区常住人口中市镇人口所占比重，用于反映人口向城市聚集的过程和聚集程度，是体现城镇化发展水平和速度最重要的指标。

从整体人口城镇化率看，2011～2016 年，北部湾城市群整体人口城镇化率水平不断提高，从 2011 年的 43.3% 增长到了 2016 年的 48.86%，接近了 50% 的水平，见图 5 - 5。

图 5 - 5　北部湾城市群 2011～2016 年人口城镇化率

资料来源:《广西统计年鉴》(2012～2017 年)、《广东统计年鉴》(2012～2017 年)、《海南统计年鉴》(2012～2017 年)。

从单个城市看，2011～2016 年，北部湾城市群各城市通过加快城市新区建设，发展工业园区，增加就业空间等形式，促进农村人口向城市转移，扩大城市人口总量，城镇化快速发展，城市面貌发生巨大变化，城镇化率稳步提升。

从常住人口城镇化率看，2011～2016 年，北部湾城市群 15 个城市的常住人口城镇化率均有较大幅度的增长，增长最快的 3 个城市分别为澄迈县、儋州市、东方市，分别从 2011 年的 39.20%、44.44%、37.48% 提高到了 2016 年的 51.45%、53.35%、45.78%，分别提高了 12.25 个、8.91 个、8.3 个百分点；增长最慢的 3 个城市为阳江市、湛江市、茂名市，分别从 2011 年的 46.97%、37.26%、35.92% 提高到了 2016 年的 50.81%、41.44%、40.8%，分别提高了 3.84 个、4.18 个、4.88 个百分点，见表 5－4、图 5－6。

表5－4　　　　2011~2016 年北部湾城市群各城市常住人口城镇化率　　　单位：%

序号	城市	2011 年	2012 年	2013 年	2014 年	2015 年	2016 年
1	海口市	72.35	75.49	76.08	76.61	77.23	77.78
2	南宁市	54.55	56.28	57.67	58.39	59.31	60.23
3	防城港市	50.18	51.92	53.01	54.06	55.13	56.36
4	北海市	50.4	52.18	53.14	54.46	55.34	56.29
5	昌江黎族自治县	47.7	48.93	49.58	50.68	51.92	53.47
6	儋州市	44.44	46.32	47.48	48.66	51.26	53.35
7	澄迈县	39.2	41.56	42.94	44.11	47.57	51.45
8	阳江市	46.97	48	48.8	49.05	49.91	50.81
9	玉林市	41.48	43.19	44.4	45.6	46.51	47.27
10	东方市	37.48	40.5	41.64	42.78	43.92	45.78
11	临高县	36.11	38.22	39.75	40.88	41.97	43.87
12	湛江市	37.26	38.33	39.1	39.81	40.74	41.44
13	茂名市	35.92	37.43	38.33	39.01	40.02	40.80
14	钦州市	32.5	34.14	35.35	36.12	37.03	37.80
15	崇左市	29.51	31.33	32.81	33.81	36.28	37.21

资料来源：《广西统计年鉴》（2012~2017 年）、《广东统计年鉴》（2012~2017 年）、《海南统计年鉴》（2012~2017 年）。

从 2016 年北部湾城市群 15 个城市人口城镇化水平看，仅海口市和南宁市 2 个城市的人口城镇化率超过 60%，分别为 77.78% 和 60.23%，占城市群城市总数的 13.33%；防城港市、北海市、昌江黎族自治县、儋州市、澄迈县、阳江市 6 个城市人口城镇化率介于 50%~60% 之间，占城市群城市

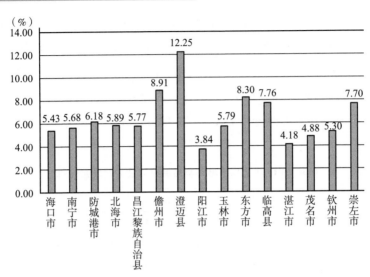

图5-6　北部湾城市群各城市2016年与2011年人口城镇率之差

资料来源:《广西统计年鉴》(2012～2017年)、《广东统计年鉴》(2012～2017年)、《海南统计年鉴》(2012～2017年)。

总数的40%;玉林市、东方市、临高县、湛江市、茂名市5个城市人口城镇化率介于40%与50%之间,占城市群城市总数的33.33%;钦州市、崇左市2个城市常住人口城镇化率低于40%,占城市群城市总数的13.33%,见表5-5。

表5-5　　　　2016年北部湾城市群按常住人口城镇化率分类情况

序号	城镇化率范围	包含城市	城市个数	比例（%）
1	60%以上	海口市、南宁市	2	13.33
2	50%～60%	防城港市、北海市、昌江黎族自治县、儋州市、澄迈县、阳江市	6	40
3	40%～50%	玉林市、东方市、临高县、湛江市、茂名市	5	33.33
4	40%以下	钦州市、崇左市	2	13.33

资料来源:《广西统计年鉴》(2012～2017年)、《广东统计年鉴》(2012～2017年)、《海南统计年鉴》(2012～2017年)。

(四) 人口城镇化率仍处于较低水平

近年来,虽然北部湾城市群城镇化率实现了较快的增长,但仍然处于较低的水平。2016 年，北部湾城市群整体人口城镇化率为 48.86%，但与同期中国城镇化率 57.35%①的水平相比，仍存在较大的差距，两者相差 8.49 个百分点。再从北部湾城市群各城市人口城镇化率与全国同期比较看，2016年，仅海口市和南宁市的人口城镇化率高于同期全国平均水平，占城市群城市总数的 13.33%，其他 13 个城市的人口城镇化率均低于同期全国平均水平，占城市群城市总数的 86.67%，见图 5 - 7。

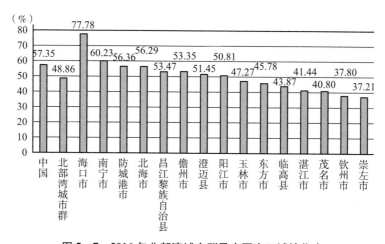

图 5 - 7　2016 年北部湾城市群及中国人口城镇化率

资料来源：《广西统计年鉴》（2012～2017 年）、《广东统计年鉴》（2012～2017 年）、《海南统计年鉴》（2012～2017 年）。

二、经济城镇化发展现状及特点

（一）经济快速增长，总量不断扩大

"十一五"期间，北部湾城市群 GDP 总量由 2005 年的 3 960.36 亿元增长到了 2010 年的 9 024.16 亿元，增长了 127.86%。从各城市看，防城港

---

① 国家统计局：2016 年中国城镇化率达到 57.35% ［BE/OL］. 中国经济网，http://www.ce.cn，2017 - 01 - 20.

市、儋州市、钦州市3个城市增长速度最快，分别从2005年的99.14亿元、
105.8亿元、188.02亿元增长到了2010年的320.42亿元、294.48亿元、
520.67亿元，增长率分别为223.20%、178.34%、176.92%；增长最慢的
临高县、东方市、茂名市3个城市也分别从2005年的38.97亿元、39.66亿
元、738.35亿元增长到了2010年的71.69亿元、73.74亿元、1 472.1亿元，
增长率分别为83.96%、85.93%、99.38%，见表5-6、图5-8。

表5-6　　　　2005～2016年北部湾城市群及各城市GDP情况　　　单位：亿元

序号	城市（群）	2005年	2010年	2015年	2016年
1	南宁市	727.9	1 800.26	3 410.08	3 703.33
2	茂名市	738.35	1 472.1	2 445.63	2 636.74
3	湛江市	680.97	1 401.47	2 380.02	2 584.43
4	玉林市	352.6	840.25	1 445.91	1 553.83
5	阳江市	294.4	636.23	1 250.01	1 270.76
6	海口市	311.75	631.31	1 161.96	1 257.67
7	钦州市	188.02	520.67	944.42	1 102.05
8	北海市	164.61	401.41	891.94	1 006.98
9	崇左市	151.13	392.37	682.82	766.20
10	防城港市	99.14	320.42	620.71	676.04
11	儋州市	105.8	294.48	443.25	476.63
12	澄迈县	40.65	111.15	240.49	256.77
13	临高县	38.97	71.69	144.52	159.98
14	东方市	39.66	73.74	144.56	148.31
15	昌江黎族自治县	26.41	56.61	90.19	101.17
16	北部湾城市群	3 960.36	9 024.16	16 296.51	17 700.89

资料来源：《广西统计年鉴》《广东统计年鉴》《海南统计年鉴》。

"十二五"期间，北部湾城市群GDP由2010年的9 024.16亿元增长到
了2015年的16 296.51亿元，增长了80.59%；从各城市看，北海市、澄迈
县、临高县3个城市增长速度最快，分别从2010年的401.41亿元、111.15亿
元、71.69亿元增长到了2015年的891.94亿元、240.49亿元、144.52亿元，
增长率分别达到了122.2%、116.37%、101.59%；增长速度最慢的儋州市、

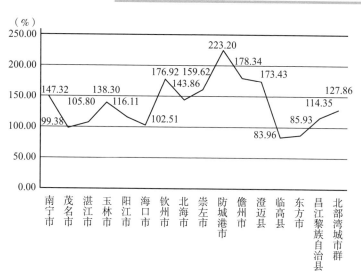

图 5 - 8　北部湾城市群及各城市"十一五"期间 GDP 增长率

资料来源:《广西统计年鉴》《广东统计年鉴》《海南统计年鉴》。

昌江黎族自治县、茂名市 3 个城市分别从 2010 年的 294. 48 亿元、56. 61 亿元、1 472. 1 亿元到 2015 年的 443. 25 亿元、90. 19 亿元、2 445. 63 亿元,增长率分别为 50. 52%、59. 32%、66. 13%,见表 5 - 6、图 5 - 9。

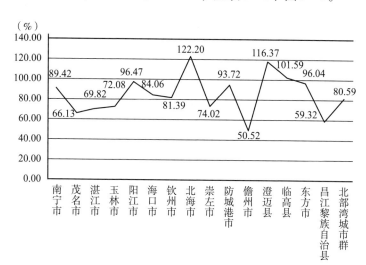

图 5 - 9　北部湾城市群及各城市"十二五"期间 GDP 增长率

资料来源:《广西统计年鉴》《广东统计年鉴》《海南统计年鉴》。

从 2005 ~ 2016 年看，北部湾城市群 GDP 由 2005 年的 3 960.36 亿元增长到了 2016 年的 17 700.89 亿元，增长了 346.96%。

从 2005 ~ 2016 年北部湾城市群各城市经济体量看，南宁市、茂名市、湛江市 3 个城市的 GDP 分别排在前 3 名，分别从 2005 年的 727.97 亿元、738.35 亿元、680.97 亿元增加到了 2016 年的 3 703.33 亿元、2 636.74 亿元、2 584.43 亿元；GDP 最小的 3 个城市是昌江黎族自治县、东方市、临高县，GDP 分别排从 2005 年的 26.41 亿元、39.66 亿元、38.97 亿元增长到 2016 年的 101.17 亿元、148.31 亿元、159.98 亿元。

从 2005 ~ 2016 年北部湾城市群各城市经济增长速度看，防城港市、澄迈县、北海市 3 个城市增长率位列前 3 名，分别为 581.99%、531.65%、511.74%；茂名市、东方市、湛江市 3 个城市增长率位列后 3 名，分别为 257.11%、273.96%、279.52%，见图 5 – 10。

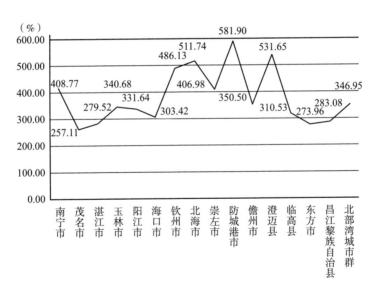

图 5 – 10　2005 ~ 2016 年北部湾城市群及各城市 GDP 增长率

资料来源：《广西统计年鉴》《广东统计年鉴》《海南统计年鉴》。

从人均 GDP 情况看，北部湾城市群人均 GDP 从 2011 年的 27 630 元增长到了 2016 年的 42 713 元，增长了 54.59%；从北部湾城市群各城市人均

GDP 水平看，2016 年人均 GDP 最大的 3 个城市分别是防城港市、北海市、海口市，分别达到 72 771 元、61 263 元和 56 056 元，人均 GDP 最小的 3 个城市是玉林市、钦州市、东方市，分别为 26 995 元、33 982 元和 35 087 元；从北部湾城市群各城市人均 GDP 增长速度看，北海市、临高县、澄迈县 3 个城市人均 GDP 增长速度最快，分别达到 91.1%、83.57% 和 68.38%，增长速度最慢的儋州市、昌江黎族自治县和湛江市分别增长了 22.4%、34.8% 和 46.23%，见表 5－7、图 5－11。

表 5－7　　北部湾城市群及各城市 2011～2016 年人均 GDP 情况　　单位：元

序号	城市（群）	2011 年	2012 年	2013 年	2014 年	2015 年	2016 年
1	防城港市	47 105	50 056	58 409	64 856	67 586	72 771
2	北海市	32 058	40 255	46 226	53 410	54 865	61 263
3	海口市	34 993	38 242	41 667	49 607	52 270	56 056
4	澄迈县	31 307	35 989	42 927	47 106	49 697	52 713
5	南宁市	32 839	36 860	40 903	45 537	48 812	52 439
6	阳江市	31 381	35 980	41 934	47 119	49 777	50 259
7	儋州市	39 540	44 026	41 946	22 857	45 336	48 413
8	昌江黎族自治县	32 548	36 055	40 203	40 203	39 349	43 873
9	茂名市	29 260	32 114	35 925	38 833	40 219	43 062
10	崇左市	24 453	26 263	28 826	31 852	33 235	37 029
11	临高县	19 558	23 728	26 767	31 824	32 631	35 903
12	湛江市	24 301	26 334	28 743	31 321	32 862	35 535
13	东方市	23 695	28 148	28 849	32 985	34 410	35 087
14	钦州市	20 793	22 066	23 840	26 880	29 428	33 982
15	玉林市	18 416	19 747	21 314	23 701	25 335	26 995
16	北部湾城市群	27 630	30 594	33 827	37 087	39 639	42 713

注：人均 GDP＝GDP/常住总人口。

资料来源：《广西统计年鉴》《广东统计年鉴》《海南统计年鉴》。

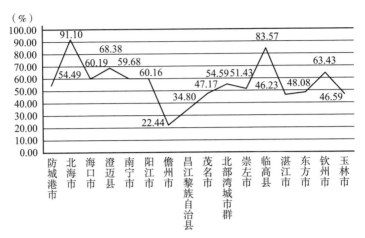

图 5 - 11　2005～2016 年北部湾城市群及各城市人均 GDP 增长率

资料来源:《广西统计年鉴》《广东统计年鉴》《海南统计年鉴》。

(二) 产业结构不断优化, 服务业发展迅速

2011～2016 年, 北部湾城市群各城市产业结构不断优化, 从第三产业占 GDP 比重看, 海口市、南宁市、茂名市 3 个城市第三产业占 GDP 比重位列前三, 分别从 2011 年的 66.45%、48.67%、41.93% 增加到 2016 年的 76.3%、50.79%、43.3%; 东方市、澄迈县、临高县 3 个城市第三产业占 GDP 比重位列后三位, 分别从 2011 年的 21.30%、22.93%、21.07% 增加到 2016 年的 30.2%、30%、26.4%, 见表 5 - 8。

表 5 - 8　北部湾城市群各城市 2011～2016 年第三产业占 GDP 比重　　　单位: %

序号	城市	2011 年	2012 年	2013 年	2014 年	2015 年	2016 年
1	海口市	66.45	68.54	69.59	74.85	75.84	76.3
2	南宁市	48.67	48.72	47.89	48.98	49.67	50.79
3	茂名市	41.93	42.13	41.37	43.00	43.26	43.3
4	湛江市	39.63	42.05	40.01	41.41	42.74	42.6
5	儋州市	13.83	14.46	17.39	37.40	40.74	41.9
6	阳江市	36.34	36.15	32.04	35.45	38.45	41.8

续表

序号	城市	2011 年	2012 年	2013 年	2014 年	2015 年	2016 年
7	玉林市	34.08	35.44	35.71	37.35	38.10	39.3
8	崇左市	30.39	32.16	31.97	34.63	37.07	37.57
9	钦州市	30.91	34.04	33.87	37.67	37.94	36.3
10	北海市	35.19	31.54	29.73	29.48	31.67	31.36
11	防城港市	33.44	33.62	30.58	30.22	30.97	30.65
12	昌江黎族自治县	17.51	18.48	18.72	27.02	30.47	30.4
13	东方市	21.30	21.71	26.42	25.00	26.29	30.2
14	澄迈县	22.93	23.89	23.38	25.69	27.76	30
15	临高县	21.07	19.90	23.14	22.41	23.54	26.4

资料来源:《广西统计年鉴》(2012~2017 年)、《广东统计年鉴》(2012~2017 年)、《海南统计年鉴》(2012~2017 年)。

从第三产业占 GDP 比重的增长情况看,2011~2016 年,北部湾城市群 13 个城市的第三产业占 GDP 比重整体上呈现增长的趋势,占城市总数的 86.67%,其中儋州市、昌江黎族自治县、海口市 3 个城市增长最快,2016 年第三产业占 GDP 比重分别比 2011 年上升了 28.07 个、12.89 个、9.85 个百分点,增长最慢的茂名市、南宁市、湛江市 3 个城市也分别上升了 1.37 个、2.12 个、2.97 个百分点;北海市和防城港市第三产业占 GDP 比重整体上呈现下降的趋势,2016 年第三产业占 GDP 比重分别比 2011 年分别下降了 3.83 个和 2.79 个百分点,见图 5-12。

(三)固定资产投资水平有效提升

固定资产投资是拉动经济增长的主要因素之一,是优化区域产业结构的重要手段,也是实现经济持续快速增长的重要动力。2011 年以来,北部湾城市群固定资产投资水平得到有效的提升。2016 年,北部湾城市群固定资产投资总额达到 13 967 亿元,比 2011 年增加了 7 028 亿元,增长 106.64%。

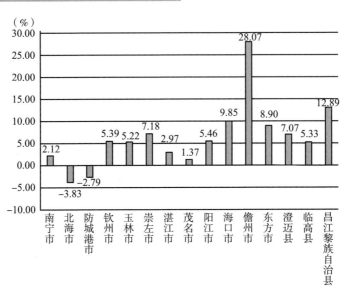

图 5 - 12　2016 年与 2011 年北部湾城市群各城市第三产业占 GDP 比重之差

资料来源：《广西统计年鉴》《广东统计年鉴》《海南统计年鉴》。

从北部湾城市群各城市固定资产投资水平看，南宁市、湛江市、玉林市3 个城市 2016 年的固定资产投资排前 3 名，分别达到 3 825 亿元、1 532 亿元、1 467 亿元，分别比 2011 年增长了 89.45%、212.02%、85.23%；临高县、东方市、昌江黎族自治县 3 个城市 2016 年的固定资产投资排后 3 名，分别为 42 亿元、49 亿元、84 亿元，分别比 2011 年增长了 61.54%、16.67%、29.23%。

从北部湾城市群各城市固定资产投资增长速度看，茂名市、海口市、湛江市 3 个城市增长速度最快，分列前 3 名，2016 年固定资产投资总额比2011 年分别增长了 487.44%、214.07%、212.02%；东方市、防城港市、阳江市 3 个城市增长速度最慢，2016 年固定资产投资总额比 2011 年分别增长了 16.67%、22.2%、25.69%，见表 5 - 9。

表 5 - 9　　　　　　　　北部湾城市群及各城市固定资产投资总额　　　　　　　单位：亿元

序号	城市（群）	2011 年	2016 年	差额	增长率（%）
1	南宁市	2 019	3 825	1 806	89.45
2	湛江市	491	1 532	1 041	212.02

序号	城市（群）	2011 年	2016 年	差额	增长率（%）
3	玉林市	792	1 467	675	85. 23
4	海口市	405	1 272	867	214. 07
5	茂名市	215	1 263	1 048	487. 44
6	北海市	603	1 011	408	67. 66
7	钦州市	558	951	393	70. 43
8	崇左市	415	831	416	100. 24
9	防城港市	491	600	109	22. 20
10	阳江市	401	504	103	25. 69
11	澄迈县	127	305	178	140. 16
12	儋州市	109	231	122	111. 93
13	昌江黎族自治县	65	84	19	29. 23
14	东方市	42	49	7	16. 67
15	临高县	26	42	16	61. 54
16	北部湾城市群	6 759	13 967	7 208	106. 64

资料来源：《广西统计年鉴》《广东统计年鉴》《海南统计年鉴》。

（四）核心城市整体经济实力仍处于较低的水平

从整体经济实力看，南宁市作为广西的省会城市，也是北部湾城市群的首位城市，2016 年 GDP 达到了 3 703. 33 亿元，但是和发达地区的省会城市相比，经济实力仍处于较低的水平，从 2016 年 36 个省会城市和计划单列市的 GDP 水平看，2 个城市的 GDP 超过 2 万亿元，11 个城市的 GDP 超过 1 万亿元，23 个城市 GDP 超过 5 000 亿元，南宁市的 GDP 低于 5 000 亿元，仅属于 3 000 亿元的量级，排名为第 27 位，仍处于较低的水平，对北部湾城市群的经济带动能力有限。

再从海口市的经济总量看，海口市作为海南省的省会城市，2016 年 GDP 仅为 1 257. 67 亿元，在北部湾城市群中仅排名第 5 位，在 36 个省会城市和计划单列市中仅排名第 34 位，经济实力也处于较低的水平，对其他城市发展的带动能力也比较有限，见表 5 - 10。

表 5 - 10　　中国省会城市自治区首府和计划单列市 2016 年 GDP 水平　　单位：亿元

城市	GDP	排序	城市	GDP	排序
上海	28 178.70	1	福州	6 197.64	19
北京	25 669.10	2	哈尔滨	6 101.61	20
广州	19 547.44	3	石家庄	5 927.73	21
深圳	19 492.60	4	长春	5 917.94	22
天津	17 885.39	5	沈阳	5 460.01	23
重庆	17 740.60	6	南昌	4 354.99	24
成都	12 170.23	7	昆明	4 300.08	25
武汉	11 912.61	8	厦门	3 784.27	26
杭州	11 313.72	9	南宁	3 703.33	27
南京	10 503.02	10	呼和浩特	3 173.59	28
青岛	10 011.29	11	贵阳	3 157.70	29
长沙	9 455.36	12	太原	2 955.60	30
宁波	8 686.49	13	乌鲁木齐	2 458.98	31
郑州	8 025.31	14	兰州	2 264.23	32
大连	6 730.33	15	银川	1 617.71	33
济南	6 536.12	16	海口	1 257.67	34
合肥	6 274.38	17	西宁	1 248.17	35
西安	6 257.18	18	拉萨	424.95	36

注：以上数据未包括港澳台地区。
资料来源：《中国统计年鉴》（2017 年版）。

三、空间城镇化发展现状及特点

（一）城市建成区面积不断扩大

关于建成区面积，根据《中国建设统计年鉴》中的指标解释，是指城市行政区内实际已成片开发建设、市政公用设施和公共设施基本具备的区域。对于核心城市，包括集中连篇的部分以及分散的若干个已经成片建设起来，市政公用设施和公共设施基本具备的区域；对于一城多镇，包括由几个连片开发建设起来的，市政公用设施和公共设施基本具备的地区组成。

近年来，北部湾城市群建成区面积不断扩大，由 2011 年的 905.91 平方公里增加到 2015 年的 1 160.55 平方公里，增加了 254.64 平方公里，增长了 28.11%。

从北部湾城市群各个城市建成区面积扩张速度看，扩张最快的是儋州市、海口市、阳江市 3 个城市，分别从 2011 年的 31.29 平方公里、98 平方公里、45 平方公里扩大到 2015 年有 82.42 平方公里、152 平方公里、64 平方公里，分别扩大了 163.41%、55.10%、42.22%；临高县、湛江市、澄迈县 3 个城市建成区面积扩张速度最慢，其中临高县、湛江市 2015 年城市建成区面积比 2011 年分别扩大了 4.33% 和 2.83%，澄迈县 2015 年与 2011 年相比，建成区面积保持不变。

从北部湾城市群各个城市建成区面积规模看，南宁市、海口市、茂名市、湛江市 4 个城市 2015 年建成区面积均超过了 100 平方公里，分别为 287 平方公里、152 平方公里、120 平方公里、109 平方公里，澄迈县、临高县、昌江黎族自治县、东方市 4 个城市 2015 年建成区面积均在 20 平方公里以内，分别为 6.91 平方公里、9.39 平方公里、14 平方公里、18.83 平方公里，见表 5-11。

表 5-11　　　　北部湾城市群及各城市建成区面积情况　　　　单位：平方公里

序号	城市	2011 年	2015 年	差额	增长率（%）
1	儋州市	31.29	82.42	51.13	163.41
2	海口市	98.00	152.00	54.00	55.10
3	阳江市	45.00	64.00	19.00	42.22
4	崇左市	22.00	28.00	6.00	27.27
5	南宁市	225.65	287.00	61.35	27.19
6	钦州市	71.11	90.00	18.89	26.56
7	茂名市	102.00	120.00	18.00	17.65

序号	城市	2011 年	2015 年	差额	增长率（%）
8	东方市	16.10	18.83	2.73	16.96
9	防城港市	33.47	38.00	4.53	13.53
10	昌江黎族自治县	12.34	14.00	1.66	13.45
11	北海市	65.38	73.00	7.62	11.65
12	玉林市	61.66	68.00	6.34	10.28
13	临高县	9.00	9.39	0.39	4.33
14	湛江市	106.00	109.00	3.00	2.83
15	澄迈县	6.91	6.91	0.00	0.00
16	北部湾城市群	905.91	1 160.55	254.64	28.11

资料来源：《广西统计年鉴》《广东统计年鉴》《海南统计年鉴》《中国城市统计年鉴》。

（二）城市建设用地面积规模不断扩大

城市建设用地面积是指城市规划行政主管部门确定的建设用地界线所围合的用地水平投影面积，包括居住用地、公共设施用地、工业用地、仓储用地、对外交通用地、道路广场用地、市政公用设施用地、绿地和特殊用地。

近年来，北部湾城市群城市建设用地面积不断扩大，由 2011 年的 824.65 平方公里增加到 2015 年的 1 140.95 平方公里，增加了 316.3 平方公里，增长了 38.36%。

从北部湾城市群各个城市的城市建设用地面积扩张速度看，最快的是儋州市、阳江市、防城港市 3 个城市，分别从 2011 年的 28.46 平方公里、39 平方公里、19.61 平方公里扩大到 2015 年有 80.19 平方公里、76 平方公里、36 平方公里，分别扩大了 181.76%、94.87%、83.58%；临高县、澄迈县、昌江黎族自治县 3 个城市的城市建设用地面积增长速度最慢，其中临高县 2015 年城市建设用地面积比 2011 年扩大了 1.88%，澄迈县和昌江黎族自治县 2015 年与 2011 年的城市建设用地面积相比，均保持不变。

从北部湾城市群各个城市的城市建设用地面积规模看，南宁市、海口市、茂名市、湛江市 4 个城市 2015 年城市建设用地面积均超过了 100 平方公里,分别为 285 平方公里、144 平方公里、121 平方公里、108 平方公里,澄迈县、临高县、昌江黎族自治县、东方市 4 个 2015 年城市建设用地面积均在 20 平方公里以内,分别为 6.67 平方公里、8.69 平方公里、12.34 平方公里、17.06 平方公里,见表 5 – 12。

表 5 – 12 　　　　　北部湾城市群及各城市城市建设用地面积情况　　　单位:平方公里

序号	城市	2011 年	2015 年	差额	增长率(%)
1	儋州市	28.46	80.19	51.73	181.76
2	阳江市	39.00	76.00	37.00	94.87
3	防城港市	19.61	36.00	16.39	83.58
4	南宁市	196.64	285.00	88.36	44.93
5	崇左市	13.42	19.00	5.58	41.58
6	钦州市	64.94	89.00	24.06	37.05
7	茂名市	89.00	121.00	32.00	35.96
8	海口市	112.17	144.00	31.83	28.38
9	玉林市	58.42	68.00	9.58	16.40
10	湛江市	94.00	108.00	14.00	14.89
11	北海市	65.38	70.00	4.62	7.07
12	东方市	16.07	17.06	0.99	6.16
13	临高县	8.53	8.69	0.16	1.88
14	澄迈县	6.67	6.67	0.00	0.00
15	昌江黎族自治县	12.34	12.34	0.00	0.00
16	北部湾城市群	824.65	1 140.95	316.30	38.36

资料来源:《广西统计年鉴》《广东统计年鉴》《海南统计年鉴》《中国城市统计年鉴》。

(三)城市建成区面积占行政区面积比重差距明显

从 2015 年北部湾城市群 15 个城市的城市建成区面积占行政区面积比重看,存在的差距非常明显,占比最高的海口市达 6.6%,占比最低的崇左市

仅为 0.16% ，再者相差 40 多倍；城市建成区面积占行政区面积比重最高的
3 个城市海口市、儋州市、北海市分别达到了 6.6% 、2.43% 、2.19% ，占
比最低的 3 个城市崇左市、澄迈县、玉林市分别为 0.16% 、0.33% 、0.53% ，
见图 5 – 13。

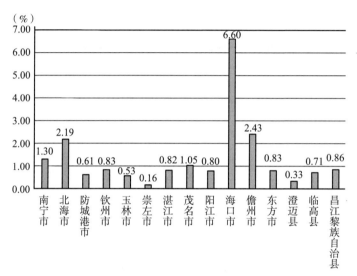

图 5 – 13 北部湾城市群各城市 2015 年城市建成区面积占行政区面积比重

资料来源：《广西统计年鉴》《广东统计年鉴》《海南统计年鉴》。

四、社会城镇化发展现状及特点

（一）居民生活水平不断提高

近年来，北部湾城市群各城市城镇居民人均可支配收入逐年提升，人们
生活水平不断提高。从 2016 年各城市城镇居民人均可支配收入水平看，海
口市、南宁市、玉林市 3 个城市城镇居民人均可支配收入水平最高，均超过
了 3 万元，分别达到 30 775 元、30 728 元、30 083 元，澄迈县、茂名市、
临高县 3 个城市城镇居民人均可支配收入水平最低，分别为 20 889 元、
23 322 元、24 000 元，见图 5 – 14。

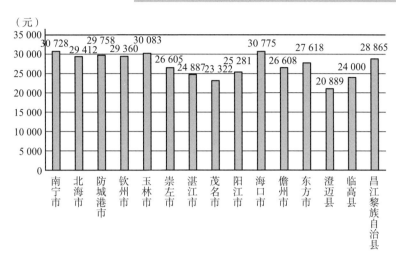

图 5 - 14　北部湾城市群各城市 2016 年城镇居民人均可支配收入

资料来源：《广西统计年鉴》（2017 年）、《广东统计年鉴》（2017 年）、《海南统计年鉴》（2017 年）。

从北部湾城市群各城市城镇居民人均可支配收入增长速度看，阳江市、茂名市、湛江市 3 个城市城镇居民人均可支配收入增长速度最快，分别从 2011 年的 11 765 元、13 161 元、14 055 元增长到了 2016 年的 25 281 元、23 322 元、24 887 元，分别增长了 114.88%、77.21%、77.07%；澄迈县、崇左市、防城港市 3 个城市城镇居民人均可支配收入增长速度最慢，2016 年比 2011 年分别增长了 17.16%、37.35%、50.89%，见表 5 - 13。

表 5 - 13　　　　　2011～2016 年北部湾城市群各城市城镇居民

人均可支配收入情况　　　　　　单位：元，%

序号	城市	2011 年	2016 年	差额	增长率
1	阳江市	11 765	25 281	13 516	114.88
2	茂名市	13 161	23 322	10 161	77.21
3	湛江市	14 055	24 887	10 832	77.07
4	东方市	16 987	27 618	10 631	62.58
5	昌江黎族自治县	18 033	28 865	10 832	60.07
6	临高县	15 035	24 000	8 965	59.63
7	儋州市	16 789	26 608	9 819	58.48
8	北海市	18 656	29 412	10 756	57.65

序号	城市	2011 年	2016 年	差额	增长率
9	海口市	19 730	30 775	11 045	55.98
10	南宁市	20 005	30 728	10 723	53.60
11	玉林市	19 590	30 083	10 493	53.56
12	钦州市	19 248	29 360	10 112	52.54
13	防城港市	19 722	29 758	10 036	50.89
14	崇左市	19 370	26 605	7 235	37.35
15	澄迈县	17 829	20 889	3 060	17.16

资料来源:《广西统计年鉴》《广东统计年鉴》《海南统计年鉴》。

(二) 城乡收入仍存在较大的差距

近年来,随着经济的快速发展,虽然北部湾城市群各城市城乡居民收入水平不断提高,但城乡间的收入差距仍然较为明显。从北部湾城市群各城市2016 年城镇居民人均可支配收入和农村居民人均纯收入看,两者的差距依然较大。崇左市、南宁市、钦州市 3 个城市的镇居民人均可支配收入和农村居民人均纯收入差距最为明显,两者之比分别为 2.71∶1、2.7∶1、2.68∶1,差距最小的茂名市、澄迈县、阳江市 3 个城市的镇居民人均可支配收入和农村居民人均纯收入之比分别为 1.61∶1、1.64∶1、1.81∶1,见表 5-14。

表 5-14　　北部湾城市群各城市 2016 年城镇居民人均可支配收入和农村居民人均纯收入　　单位:元

序号	城市	城镇居民人均可支配收入	农村居民人均纯收入	两者差额	两者之比
1	崇左市	26 605	9 801	16 804	2.71
2	南宁市	30 728	11 398	19 330	2.70
3	钦州市	29 360	10 947	18 413	2.68
4	北海市	29 412	11 622	17 790	2.53
5	昌江黎族自治县	28 865	11 532	17 333	2.50
6	防城港市	29 758	12 113	17 645	2.46
7	海口市	30 775	12 679	18 096	2.43

序号	城市	城镇居民人均可支配收入	农村居民人均纯收入	两者差额	两者之比
8	玉林市	30 083	12 590	17 493	2.39
9	东方市	27 618	12 006	15 612	2.30
10	临高县	24 000	10 678	13 322	2.25
11	儋州市	26 608	12 281	14 327	2.17
12	湛江市	24 887	13 336	11 551	1.87
13	阳江市	25 281	13 961	11 320	1.81
14	澄迈县	20 889	12 765	8 124	1.64
15	茂名市	23 322	14 520	8 802	1.61

资料来源：《广西统计年鉴（2017）》《广东统计年鉴（2017）》《海南统计年鉴（2017）》。

（三）社会保障水平不断提高，各城市间差距较大

近年来，随着经济的发展，北部湾城市群各项社会事业快速发展，社会保障水平不断提高。比如：南宁市 2016 年城乡居民基本养老保险参保率 93.29%，全市社会保险参保达 676.67 万人次（不含新农合），基本建成各类保障性住房 2.36 万套，新增医疗服务机构 209 家，床位 1 346 张。[1]

湛江市 2016 年新增城镇就业 7.8 万人，企业职工养老保险待遇提高 6.5%，基本医疗保险覆盖率 98.8%，城乡居民低保月标准分别提高到 490 元和 340 元；建成保障房 1 572 套，完成危房改造 19 515 户；各级财政投入扶贫资金 9.46 亿元，74 000 多名扶贫对象如期脱贫。[2]

海口市 2016 年城镇新增就业 4.7 万人，实现 8 453 人精准脱贫，共有 6 050 人享受城市居民最低生活保障，财政性教育经费投入 31.35 亿元，占全市地方一般公共预算支出的 15.2%；城市居民每人每月最低生活保障标准为 520 元，农村居民每人每月最低生活保障标准为 460 元，农村五保户每人

[1] 2017 年南宁市政府工作报告［BE/OL］. 南宁市人民政府网，http://www.nanning.gov.cn，2017-02-27.

[2] 2017 年湛江市政府工作报告［BE/OL］. 湛江市人民政府网，http://www.zhanjiang.gov.cn，2017-02-08.

每月供养标准为 480 元。①

东方市 2016 年完成农村剩余劳动力转移就业 8 750 人，城镇居民新增就业 5 394 人，城乡居民基本医疗保险财政补助由 380 元提高到 420 元，开工建设保障性住房 212 套，完成农村危房改造 1 200 户。②

此外，各城市间社会保障水平仍存在较大的差距。比如：在医疗服务方面，从 2015 年北部湾城市群各城市每万人拥有医生数看，海口市、南宁市、防城港市 3 个城市排名前 3 位，均达到或超过 20 人，分别为 37.3 人、28.9 人、20 人；玉林市、崇左市、临高县 3 个城市排名后 3 位，分别为 10.1 人、10 人、9.6 人；每万人拥有医生数最多的海口市比最少的临高县多 27.7 人，说明城市间的医疗服务水平存在较大的差距，见图 5 - 15。

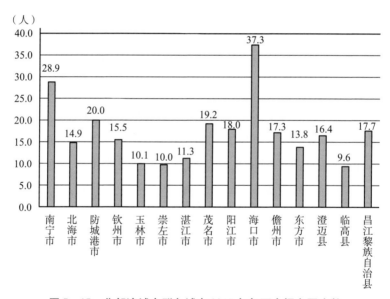

图 5 - 15 北部湾城市群各城市 2015 年每万人拥有医生数

资料来源：《广西统计年鉴》（2016 年）、《广东统计年鉴》（2016 年）、《海南统计年鉴》（2016 年）、《中国城市统计年鉴》（2016 年）及相应城市 2015 年国民经济发展和社会统计公报。

---

① 2016 年海口市国民经济和社会发展统计公报［BE/OL］. 海口市人民政府门户网站，http://www.haikou.gov.cn，2017 - 02 - 10.

② 2017 年东方市政府工作报告［BE/OL］. 海南省东方市政府信息公开网，http://xxgk.hainan.gov.cn，2017 - 03 - 01.

第三节

北部湾城市群生态环境发展现状及特点

一、生态环境状态

（一）资源丰富

1. 矿产资源情况

北部湾城市群矿产资源丰富，种类多，开发价值大。其中，南宁市已勘查发现褐煤、铁、铜、硫铁矿、重晶石等各种能源矿产、黑色金属、有色金属、非金属矿产63种，探明矿床590处，其中大型矿床9处，中型矿床9处，小型矿床28处；有矿山564个。[①] 北海市石英砂矿已探明储量3 000万吨，石膏矿已探明储量2.71亿吨，陶土已探明储量1.89亿吨，钛铁矿已探明储量126万吨。[②] 钦州市已发现铅锌矿、煤、锰矿、陶瓷土等矿产46种，矿床及矿点共176处，小型规模以上有46处，其中大型石膏矿床1处（钦灵石膏矿），中型铅锌矿床和稀土矿床各1处，煤、陶瓷土、油页岩、建筑材料用灰岩和花岗岩等矿床130处。[③] 防城港市主要有煤、锰、铁、锡、锌、石灰岩等矿产48种，已查明储量28种，矿产地261处，其中大型矿床6处、中型矿床7处，小型矿床102处，矿（化）点146处，矿山110个，以砂石土矿山为主，均属小型矿山。[④]

湛江市境内已发现多类矿藏33种、矿产地155处，最有开发价值的是

---

① 南宁市矿产资源［BE/OL］. 南宁市人民政府门户网站，http://www.nanning.gov.cn，2013 - 10 - 14.

② 环境资源［BE/OL］. 北海市人民政府门户网站，http://www.beihai.gov.cn，2017 - 02 - 21.

③ 自然资源［BE/OL］. 钦州市人民政府门户网站，http://www.qinzhou.gov.cn，2017 - 10 - 30.

④ 资源·物产［BE/OL］. 防城港市人民政府门户网站，http://fcgs.gov.cn，2015 - 06 - 10.

硅藻土、膨润土、泥炭土、高岭土"四土"资源;① 阳江市位于全国 16 条重点成矿区带之一的钦杭成矿带南西段,具有良好的成矿地质条件,找矿潜力巨大。截至 2015 年底,全市共发现矿产 48 种,矿产地 268 处,已查明资源储量的矿产 37 种,其中能源矿产 2 种,金属矿产 15 种,非金属矿产 19 种,水气矿产 1 种。②

海口市境内已探明矿产资源 20 种,其中能源矿产有石油、天然气、褐煤、低热值油页岩(油炭质页岩)、泥炭 5 种;金属矿产有铝土矿、钴土矿、褐铁矿 3 种;非金属矿产有高岭土、耐火黏土、砖瓦黏土、硅藻土等 9 种;具备明显优势和开发潜力的矿产资源主要有饮用天然矿泉水、地热水、地下水,以及建筑大宗用的河砂、玄武岩石材、砖瓦黏土等。③

2. 水资源情况

北部湾城市群河流多、降雨量大,水资源丰富。其中,南宁市水资源较为丰富,多年平均降雨量 1 241 ~ 1 753 毫米,市辖区河系发达,河流众多,流域集水面积在 200 平方千米以上的河流有郁江、右江、左江、武鸣河、八尺江、清水河等 39 条,多年平均水资源总量约 139.90 亿立方米,全市人均拥有可利用水量约 8 000 立方米。④

北海市境内河流属桂南沿海诸河水系,境内河流共有大小河流 290 多条,其中流域面积大于 $10km^2$ 的河流有 85 条,河流总长 1 469 公里,境内产水资源总量 32.27 亿立方米,年可利用量达 12.35 亿立方米,人均水量 2 182 立方米。⑤ 钦州市水资源总量 117.3 亿立方米,其中地表水资源量 76.27 亿立方米,地下水资源 41.03 亿立方米。2016 年,钦州市辖区平均降雨量为 2 032.8 毫米,年平均水面蒸发量为 925.3 毫米。⑥

① 湛江市概况〔BE/OL〕. 湛江市人民政府门户网站, http://www.zhanjiang.gov.cn, 2017 - 03 - 29.
② 矿产资源〔BE/OL〕. 阳江市人民政府门户网站, http://www.yjtjj.gov.cn, 2016 - 10 - 13.
③ 自然地理〔BE/OL〕. 海口市人民政府门户网站, http://www.haikou.gov.cn, 2016 - 12 - 31.
④ 南宁市水资源〔BE/OL〕. 南宁市人民政府门户网站, http://www.nanning.gov.cn, 2013 - 10 - 14.
⑤ 环境资源〔BE/OL〕. 北海市人民政府门户网站, http://www.beihai.gov.cn, 2017 - 02 - 21.
⑥ 自然资源〔BE/OL〕. 钦州市人民政府门户网站, http://www.qinzhou.gov.cn, 2017 - 10 - 30.

防城港市受海洋湿热气流影响大,雨季较长,雨量充沛,年均降雨量2 823毫米。全市多年平均水资源总量为73亿立方米,人均水资源量为8 691立方米,境内10多条主要河流,全长400多公里,年径流总量80亿立方米以上,河流上游落差大,水势急,水量大,水能蕴藏量达45万千瓦,可开发水电装机容量在15万千瓦以上。①

阳江市内河流密布,集雨面积在100平方公里以上的河流24条,水力资源蕴藏量67.7万千瓦,可开发利用31.7万千瓦,已建成大中小型水电499座,装机1 054台,装机容量29.59万千瓦。② 海口自产水资源总量为19.07亿立方米,水资源总量折合地表径流深为830毫米。主要河流有17条,其中南渡江水系7条,南渡江干流从海口市西南部东山镇流入境内,支流有铁炉溪、三十六曲溪、鸭尾溪等;境内还有凤谭、铁炉、东湖等水库,总库容量15 000多万立方米。地下承压水处于雷琼盆地,含水总厚度达200~350米。③

临高县有大小河流68条,其中集雨面积100平方公里以上的4条。主要河流为文澜河,全程流长86.5公里。全县水力蕴藏量达2万千瓦。全县中小型水库92宗,总库容量达8 000万立方米,水域面积5.6万亩,占全县土地面积的2.8%。④

3. 生物资源情况

北部湾城市群具有丰富的生物资源,其中南宁市自然分布的野生脊椎动物有272种,维管束植物3 000余种,国家公布保护的一级、二级野生动植物主要分布在广西大明山国家级自然保护区、广西龙山自治区级自然保护区、广西龙虎山自治区级自然保护区等。⑤

---

① 资源·物产 [BE/OL].防城港市人民政府门户网站,http://fcgs.gov.cn,2015 - 06 - 10.
② 自然资源 [BE/OL].阳江市人民政府门户网站,http://www.yjtjj.gov.cn,2016 - 06 - 07.
③ 自然地理 [BE/OL].海口市人民政府门户网站,http://www.haikou.gov.cn,2016 - 12 - 31.
④ 自然资源 [BE/OL].临高县人民政府门户网站,http://www.lingao.gov.cn,2017 - 11 - 17.
⑤ 南宁市动植物资源 [BE/OL].南宁市人民政府门户网站,http://www.nanning.gov.cn,2013 - 10 - 14.

2016 年，钦州市自然分布的陆生野生脊椎动物 271 种，国家公布的一级、二级陆生野生动物主要分布在浦北县的六万山、钦北区的王岗山及广西茅尾海红树林自治区级自然保护区；有陆地野生植物 150 科 476 属 765 种，另在海河交汇处及浅海滩涂分布有热带海岸特有的植被——红树林，有 15 科 22 种，以桐花群落为主，其次为秋茄群落和白骨壤群落。①

防城港市野生动物资源丰富，有陆栖脊椎动物 4 纲 34 目 92 科 255 属 412 种，有云豹、巨蜥、蟒蛇等国家一级保护动物 6 种，黄嘴白鹭、虎纹蛙、海南虎斑鳽等二级保护动物 59 种，有 3 个鹭鸟自然保护区和 1 个海南虎斑鳽保护区，是"中国白鹭之乡"，在春夏繁殖季节，白鹭种群数量达 30 万只以上，为广西之最；有维束植物 230 科 926 属 2 247 种，建立了 3 个国家级自然保护区，拥有世界上唯一的国家级金花茶自然保护区和中国第一大 GEF 红树林国际示范区，是中国金花茶之乡和肉桂之乡、八角之乡，是全国三大香料基地之一。②

海口市境内有野生陆栖脊椎动物 199 种，列入国家一类、二类重点保护名录的有蟒蛇、唐鱼、海南山鹧鸪等 13 种。海洋资源相当丰富，有 800 多平方千米的海域，大部分是海湾滩涂，海洋渔业资源主要有鱼类、虾类、蟹类、贝类等，其中鱼类有 100 多种，此外还有海蜇、沙虫、海马等海洋生物；有野生植物 1 980 种，其中海南特有的有 40 多种，被列为国家一级保护的有苏铁、坡垒、海南黄花梨 3 种，乔木、灌木 180 多种，药用植物 1 200 多种，海洋植物资源主要有海藻类、江篱和红树林等。③

东方市珍奇林木数百种，素有"世界花梨看中国，中国花梨在海南，海南花梨数东方"之美誉。国家一级保护动物大田坡鹿，天安猕猴少而又奇。④

---

① 自然资源 [BE/OL]. 钦州市人民政府门户网站，http://www. qinzhou. gov. cn，2017 – 10 – 30.

② 资源·物产 [BE/OL]. 防城港市人民政府门户网站，http://fcgs. gov. cn，2015 – 06 – 10.

③ 自然地理 [BE/OL]. 海口市人民政府门户网站，http://www. haikou. gov. cn，2016 – 12 – 31.

④ 东方概况 [BE/OL]. 东方市人民政府网站，http://dongfang. hainan. gov. cn，2010 – 07 – 19.

（二）生态环境状态有所改善

公园绿地是城市中向公众开放的、以游憩为主要功能，有一定的游憩设施和服务设施，兼具生态维护、环境美化、减灾避难等综合作用的各级各类公园绿地。公园绿地有利于清新空气，可有效吸收二氧化碳等气体，缓解城市热岛效应，是展示城市整体环境水平和居民生活质量的一项重要指标。

近年来，北部湾城市群各城市公园绿地面积建设基本上呈现不断扩大的趋势，2011~2015 年，北部湾城市群 15 个城市中，14 个城市的城市公园绿地面积不断增长，占 93.33%，其中崇左市、钦州市、澄迈县 3 个城市增长速度最快，分别从 2011 年的 110 公顷、199 公顷、32 公顷增长到 2015 年的232 公顷、380 公顷、60 公顷，增长率分别为 110.91%、90.95%、85.94%；最长最慢的防城港市、临高县、阳江市 3 个城市的城市公园绿地面积 2015 年分别比 2011 年增长了 4.72%、5.13%、9.76%；玉林市 2015年的城市公园绿地面积比 2011 年略有下降，由 682 公顷下降到了 676 公顷，下降 0.88%，见表 5-15。

表 5-15　　　　　　　　北部湾城市群各城市公园绿地面积　　　　　单位：公顷

序号	城市	2011 年	2015 年	差额	增长率（%）
1	崇左市	110	232	122	110.91
2	钦州市	199	380	181	90.95
3	澄迈县	32	60	27.5	85.94
4	茂名市	538	910	372	69.14
5	海口市	1 367	2 109	742	54.28
6	儋州市	243	313	70	28.81
7	昌江黎族自治县	57	73	16.19	28.40
8	东方市	124	156	32	25.81
9	北海市	360	447	87	24.17
10	湛江市	1 058	1 243	185	17.49

续表

序号	城市	2011 年	2015 年	差额	增长率（%）
11	南宁市	3 125	3 663	538	17.22
12	阳江市	492	540	48	9.76
13	临高县	39	41	2	5.13
14	防城港市	127	133	6	4.72
15	玉林市	682	676	-6	-0.88

资料来源：《中国城市统计年鉴》《海南统计年鉴》。

建成区绿化覆盖面积包括公共绿地、居住区绿地、单位附属绿地、防护绿地、生产绿地、风景林地六类绿化面积之和。建成区绿化覆盖率指在城市建成区的绿化覆盖面积占建成区的百分比。

近年来，北部湾城市群各城市公园绿地面积建设基本上呈现不断扩大的趋势，2011~2015 年，北部湾城市群 15 个城市中，10 个城市的建成区绿化覆盖率不断增长，占 66.67%，其中南宁市、崇左市、阳江市 3 个城市增长速度最快，分别从 2011 年的 31.77%、32.55%、33.39% 增长到 2015 年的 43.01%、41.75%、40.39%，分别增长了 35.38%、28.26%、20.96%；最长最慢的临高县、湛江市、北海市 3 个城市 2015 年的建成区绿化覆盖率分别比 2011 年增长了 2.05%、3.41%、6.32%；儋州市、防城港市、昌江黎族自治县、玉林市、钦州市 5 个城市 2015 年的建成区绿化覆盖率比 2011 年略有下降，分别下降了 7.15%、6.26%、2.54%、1.72%、0.58%，见表 5 - 16。

表 5 - 16　　　　北部湾城市群各城市建成区绿化覆盖率　　　单位：%

序号	城市	2011 年	2015 年	差额	增长率
1	南宁市	31.77	43.01	11.24	35.38
2	崇左市	32.55	41.75	9.2	28.26
3	阳江市	33.39	40.39	7	20.96
4	东方市	39.5	44.4	4.9	12.41

续表

序号	城市	2011 年	2015 年	差额	增长率
5	澄迈县	30.39	35.0	4.57	15.04
6	茂名市	29.2	32.92	3.72	12.74
7	海口市	42.01	45.4	3.39	8.07
8	北海市	38.14	40.55	2.41	6.32
9	湛江市	40.42	41.8	1.38	3.41
10	临高县	29.33	29.9	0.6	2.05
11	钦州市	36.45	36.24	-0.21	-0.58
12	玉林市	37.81	37.16	-0.65	-1.72
13	昌江黎族自治县	41.41	40.4	-1.05	-2.54
14	防城港市	33.21	31.13	-2.08	-6.26
15	儋州市	41.93	38.9	-3	-7.15

资料来源:《中国城市统计年鉴》《海南统计年鉴》。

二、生态环境压力

近年来，随着工业化、城镇化的快速发展，北部湾城市群各城市污染减排形势依然严峻。工业废水、工业二氧化硫、工业烟（粉）尘等污染物排放量依然较大，减排空间逐步变小，减排潜力收窄，形势依然严峻。

从 2015 年北部湾城市群各城市工业废水排放总量看，南宁市、湛江市、茂名市 3 个城市排放量最大，分别达到 7 198 万吨、6 049 万吨、4 111 万吨，排放量最小的儋州市、东方市、澄迈县也分别达到了 319 万吨、340 万吨、419 万吨；从人均工业废水排放总量看，昌江黎族自治县、防城港市、崇左市 3 个城市排放量最大，分别达到 33.64 吨、15.69 吨、13.34 吨，排放量最小的海口市、儋州市、玉林也分别达到了 3.14 吨、3.26 吨、4.17 吨，见表 5 - 17。

表 5-17　　　　　　北部湾城市群各城市 2015 年工业废水排放情况

序号	城市	工业废水排放量（万吨）	常住人口（万人）	人均工业废水排放量（吨）
1	南宁市	7 198	698.61	10.30
2	北海市	1 817	162.57	11.18
3	防城港市	1 441	91.84	15.69
4	钦州市	3 712	320.93	11.57
5	玉林市	2 378	570.72	4.17
6	崇左市	2 740	205.45	13.34
7	湛江市	6 049	724.24	8.35
8	茂名市	4 111	608.08	6.76
9	阳江市	2 966	251.12	11.81
10	海口市	697	222.3	3.14
11	儋州市	319	97.77	3.26
12	东方市	340	42.01	8.09
13	澄迈县	419	48.39	8.66
14	临高县	480	44.29	10.84
15	昌江黎族自治县	766.8	22.92	33.46

资料来源：《广西统计年鉴》《广东统计年鉴》《海南统计年鉴》《中国城市统计年鉴》及相应城市 2015 年国民经济发展和社会统计公报。

从 2015 年北部湾城市群各城市工业二氧化硫排放看，其中茂名市、南宁市、湛江市 3 个城市的工业二氧化硫排放量排前 3 位，均接近或超过 3 万吨，分别为 31 793 吨、30 678 吨、29 599 吨；临高县的工业二氧化硫排放量最小，小于 200 吨，仅为 142.5 吨，儋州市的工业二氧化硫排放量排倒数第 2 位，小于 1 000 吨，为 674 吨，见图 5-16。

从 2015 年北部湾城市群各城市工业烟（粉）尘排放看，其中防城港市排放量最大，接近 5 万吨，为 48 784 吨；排第 2、第 3 位的南宁市、阳江市工业烟（粉）尘排放量分别为 26 008 吨和 19 577 吨；临高县、儋州市、海口市 3 个城市工业烟（粉）尘排放量相对较小，排名后三 3 位，均小于 1 000 吨，分别为 649.3 吨、847 吨、854 吨，见图 5-17。

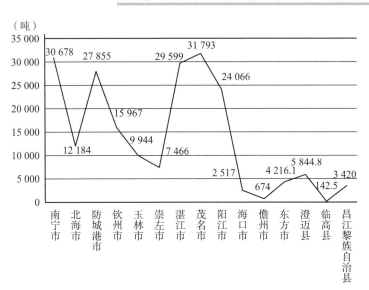

图 5 – 16 北部湾城市群各城市 2015 年工业二氧化硫排放情况

资料来源:《广西统计年鉴》《广东统计年鉴》《海南统计年鉴》《中国城市统计年鉴》及相应城市 2015 年国民经济发展和社会统计公报。

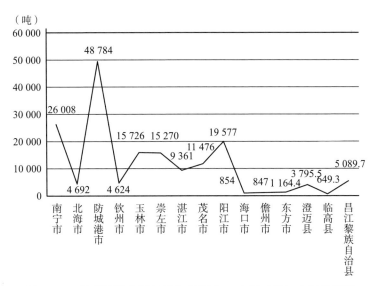

图 5 – 17 北部湾城市群各城市 2015 年工业烟(粉)尘排放情况

资料来源:《广西统计年鉴》《广东统计年鉴》《海南统计年鉴》《中国城市统计年鉴》及相应城市 2015 年国民经济发展和社会统计公报。

三、生态环境治理

近年来，北部湾城市群各城市进一步加大了生态环境污染的治理力度，环境污染整治稳步推进。在大气污染物有效控制、污水处理、生活垃圾处理、降低能源消耗等方面，取得较好成绩，生态环境进一步改善。

比如：海口市 2016 年环境空气质量优良，空气质量优良率达 98.6%；可吸入颗粒物 PM2.5 和 PM10 与 2015 年同期相比分别下降 4.5% 和 2.5%；有城镇污水处理设施 9 个，城镇污水处理厂日处理能力达 59.07 万立方米，城镇生活污水集中处理率达到 95%，比上年提高 3 个百分点；城镇生活垃圾无害化处理率为 100%，农村生活垃圾处理率为 95%。[1]

玉林市 2016 年万元 GDP 能源消耗比上年下降 3.81%，规模以上万元工业增加值综合能源消耗比上年下降 7.9%；污水处理厂集中处理率 96.88%；生活垃圾无害化处理率 100%。[2]

阳江市 2016 年汽车环保标志限行区域面积 80.33 平方公里，环境空气质量达标率为 95.6%；阳江市建成污水处理厂 9 座，城市污水日处理能力达到 21 万立方米，城市生活污水处理率达 87.9%；饮用水源水质达标率达 100%；[3]

湛江市 2016 年大气中二氧化硫、二氧化氮、可吸入颗粒物均符合国家《环境空气质量标准》（GB3095—2012）二级标准；全市建成污水处理厂 12 个，日处理能力达 62.7 万吨，市区城市生活垃圾无害化处理率为 100%；城市饮用水源和近岸海域环境功能区水质达标率均为 100%。[4]

---

① 2016 年海口市国民经济和社会发展统计公报 [BE/OL]. 海口市人民政府门户网站，http://www.haikou.gov.cn，2017 – 02 – 10.

② 2016 年玉林市国民经济和社会发展统计公报 [BE/OL]. 玉林市人民政府门户网站，http://www.yulin.gov.cn，2017 – 05 – 19.

③ 阳江市 2016 年国民经济和社会发展统计公报 [BE/OL]. 阳江市人民政府门户网站，http://www.yjtjj.gov.cn，2017 – 05 – 08.

④ 2016 年湛江市国民经济和社会发展统计公报 [BE/OL]. 湛江市人民政府门户网站，http://www.zhanjiang.gov.cn，2017 – 02 – 20.

钦州市 2016 年万元 GDP 能耗 0.5345 吨标准煤，下降 6.7%；万元工业增加值能耗 1.1647 吨标准煤，下降 7.57%；万元 GDP 电耗 704.66 千瓦时，下降 2.56%。①

儋州市 2016 年空气质量总体优良，优良天数比例为 99.2%；二氧化硫、二氧化氮等各项污染物指标均达标，且远优于国家二级标准；地表水环境质量总体优良，水质总体优良率为 90.9%；城镇生活垃圾无害化处理率为 100%。②

---

① 钦州市 2016 年国民经济和社会发展统计公报 [BE/OL]. 钦州市人民政府门户网站，http://www.qinzhou.gov.cn，2017 - 06 - 30.
② 2016 年儋州市国民经济和社会发展统计公报 [BE/OL]. 儋州市人民政府门户网站，http://www.danzhou.gov.cn，2017 - 03 - 22.

第六章

北部湾城市群城镇化与生态环境
协调发展的实证分析

第一节

北部湾城市群城镇化与生态环境协调发展的横向对比分析

一、城市群范围的界定

2016年3月，国家"十三五"规划中关于城市群的建设发展提出：提升东部地区城市群，建设京津冀、长三角、珠三角世界级城市群，提升山东半岛、海峡西岸城市群开放竞争水平。培育中西部地区城市群，发展壮大东北地区、中原地区、长江中游、成渝地区、关中平原城市群，规划引导北部湾、山西中部、呼包鄂榆、黔中、滇中、兰州—西宁、宁夏沿黄、天山北坡城市群发展，形成更多支撑区域发展的增长极。其中，东北地区城市群包括哈长城市群和辽中南城市群。因此，国家"十三五"规划中提到要建设发展的包括北部湾城市群在内的城市群共19个。本节将以这19个城市群为研究单元，通过构建评价指标体系及耦合协调模型，对北部湾城市群与其他18个城市群的城镇化与生态环境的耦合协调水平进行横向比较分析。下文将介绍除北部湾城市群外的18个城市群的空间范围及发展简况。

（一）京津冀城市群

京津冀位于我国环渤海心脏地带，是中国的政治、文化中心，也是中国北方经济的重要核心区。京津冀城市群由京津唐工业基地的概念发展而来，包括北京、天津两大直辖市以及河北省的石家庄、唐山、秦皇岛、保定、张家口、承德、沧州、廊坊共 10 个城市，是我国三个世界级城市群之一。改革开放以来，以北京、天津为经济增长的龙头，使京津冀地区成为中国区域经济增长最快、经济发展水平最高的地区增长极之一。

根据《中国城市统计年鉴》（2016）数据计算，2015 年，京津冀城市群户籍总人口达 7 741 万人，行政区域土地面积 18.15 万平方公里，GDP 达 6.39 万亿元，占全国 GDP 的 9.44%，在全国 19 个城市群中排名第 4，仅次于长三角城市群、珠三角城市群和长江中游城市群。

（二）长江三角洲城市群

长江三角洲城市群（简称长三角城市群）位于长江入海之前的冲积平原，根据 2016 年 5 月国务院批准的《长江三角洲城市群发展规划》，长三角城市群包括：上海，江苏省的南京、无锡、常州、苏州、南通、盐城、扬州、镇江、泰州，浙江省的杭州、宁波、嘉兴、湖州、绍兴、金华、舟山、台州，安徽省的合肥、芜湖、马鞍山、铜陵、安庆、滁州、池州、宣城 26 个城市，是"一带一路"与长江经济带的重要交汇地带，在中国国家现代化建设大局和全方位开放格局中具有举足轻重的战略地位；未来的发展，长三角城市群要建设面向全球、辐射亚太、引领全国的世界级城市群。[①]

根据《中国城市统计年鉴》（2016）数据计算，2015 年，长三角城市群户籍总人口达 1.29 亿人，行政区域土地面积 21.28 万平方公里，GDP 达 13.55 万亿元，占全国 GDP 的 20%，在全国 19 个城市群中排名第 1，是长江经济带的引领发展区，是中国城镇化发展基础最好的地区

---

① 国家发展和改革委员会. 长江三角洲城市群发展规划［R］. 2016, 6.

之一。

（三）珠江三角洲城市群

珠江三角洲城市群（简称珠三角城市群），位于广东省中南部，珠江入海口与东南亚地区隔海相望，包括广州、深圳、珠海、佛山、江门、肇庆、惠州、东莞、中山、汕尾、清远、云浮、河源、阳江 14 个城市。珠江三角洲城市群经济发达，城镇化水平高，是有全球影响力的先进制造业基地和现代服务业基地，全国经济发展的重要引擎，辐射带动华南、华中和西南地区发展的龙头，中国南方地区对外开放的门户。

根据《中国城市统计年鉴》（2016）数据计算，2015 年，珠三角城市群户籍总人口达 4 986 万人，行政区域土地面积 11.02 万平方公里，GDP 达6.71 万亿元，占全国 GDP 的 9.92%，在全国 19 个城市群中排第 2 位，是亚太地区最具活力的经济区之一。

（四）辽中南城市群

辽中南城市群处于东北亚地区的中心地位，是联系东北经济区和环渤海经济区的中心，与韩国、日本隔海相望，北可至俄罗斯、蒙古等国。辽中南城市群以沈阳、大连为中心，包括鞍山、抚顺、本溪、丹东、营口、辽阳、盘锦、铁岭 10 个城市，是中国重要的工业基地和东北经济区发展的重要引擎，是城镇化水平相对较高的城市群地区，在东北老工业基地振兴中发挥着重要作用。

根据《中国城市统计年鉴》（2016）数据计算，2015 年，辽中南城市群户籍总人口达 3 117 万人，GDP 达 2.52 万亿元，其中，核心城市大连市、沈阳市的 GDP 分别为 7 732 亿元、7 272 亿元，在城市群中经济总量分列第1、第 2 位。

（五）海峡西岸城市群

海峡西岸城市群邻近港澳，隔台湾海峡与台湾省相望，是我国沿海经济带的重要组成部分，包括福建省的福州、厦门、莆田、泉州、漳州、南平、宁德、龙岩，浙江省的温州、丽水和广东省汕头、潮州、揭阳、梅州 14 个城市，是加强两岸交流合作、推动两岸关系和平发展的重要前沿平台和纽带，在全国区域经济发展中处于重要位置，是服务祖国统一大业的海岸型城市群。[①]

根据《中国城市统计年鉴》（2016）数据计算，2015 年，海峡西岸城市群户籍总人口达 6 867 万人，GDP 达 3.73 万亿元，其中核心城市福州市、温州市的 GDP 分别为 5 618 亿元、4 618 亿元，在城市群中经济总量分列第1、第 2 位。

（六）山东半岛城市群

山东半岛城市群地处我国环渤海区域，是参与东北亚区域合作的前沿阵地，是我国北方地区重要的城市密集区之一。2017 年 2 月，山东省政府关于《山东半岛城市群发展规划》（2016 – 2030 年）中明确山东半岛城市群范围覆盖济南、青岛、淄博、枣庄、东营、烟台、潍坊、济宁、泰安、威海、日照、莱芜、临沂、德州、聊城、滨州、菏泽 17 个设区城市，并指出山东半岛城市群的"四大定位"：我国北方重要开放门户、京津冀和长三角重点联动区、国家蓝色经济示范区和高效生态经济区、环渤海地区重要增长极。[②]

根据《中国城市统计年鉴》（2016）数据计算，2015 年，山东半岛城市群户籍总人口达 9 822 万人，GDP 达 6.31 万亿元，其中 GDP 最大的青岛市达到 9 300 亿元。

（七）长江中游城市群

长江中游城市群是以武汉、长沙、南昌为中心城市，以武汉城市圈、环

---

① 马海涛. 基于地理空间特征探寻中国城市群的发展之路——以海峡西岸城市群为例 [J]. 发展研究，2017（5）：29 – 34.

② 《山东半岛城市群发展规划（2016~2030 年）》正式发布 [EB/OL]. 烟台市规划局官网，https://www.ytgh.gov.cn，2017 – 02 – 23.

长株潭城市群、环鄱阳湖城市群为主体形成的特大型城市群，2015 年 4 月，国务院批复实施的《长江中游城市群发展规划》明确其范围包括：湖北省武汉市、黄石市、鄂州市、黄冈市、孝感市、咸宁市、仙桃市、潜江市、天门市、襄阳市、宜昌市、荆州市、荆门市，湖南省长沙市、株洲市、湘潭市、岳阳市、益阳市、常德市、衡阳市、娄底市，江西省南昌市、九江市、景德镇市、鹰潭市、新余市、宜春市、萍乡市、上饶市及抚州市、吉安市的部分县（区）；长江中游城市群承东启西、连南接北，是长江经济带的重要组成部分，也是实施促进中部地区崛起战略、全方位深化改革开放和推进新型城镇化的重点区域。[①]

根据《中国城市统计年鉴》（2016）数据计算，2015 年，长江中游城市群户籍总人口达 1.34 亿人，GDP 达 6.66 万亿元，在全国 19 个城市群中排第 3 位，仅次于长三角城市群和珠三角城市群。

（八）中原城市群

中原城市群地处全国"两横三纵"城市化战略格局陆桥通道与京广通道交汇区域，是中部地区承接发达国家及我国东部地区产业转移、西部地区资源输出的枢纽和核心区域，是促进中部崛起、辐射带动中西部地区发展的核心增长极。中原城市群以河南省郑州市、开封市、洛阳市、平顶山市、新乡市、焦作市、许昌市、漯河市、济源市、鹤壁市、商丘市、周口市和山西省晋城市、安徽省亳州市为核心发展区。联动辐射河南省安阳市、濮阳市、三门峡市、南阳市、信阳市、驻马店市，河北省邯郸市、邢台市，山西省长治市、运城市，安徽省宿州市、阜阳市、淮北市、蚌埠市，山东省聊城市、菏泽市等城市。[②]

根据《中国城市统计年鉴》（2016）数据计算，2015 年，中原城市群户籍总人口达 1.86 亿人，GDP 达 5.61 万亿元，其中郑州市经济总量最大，

---

① 国家发展和改革委员会. 长江中游城市群发展规划［R］. 2015, 4.
② 国家发展和改革委员会. 中原城市群发展规划［R］. 2016, 12.

GDP 达 7 312 亿元。

（九）山西中部城市群

山西中部城市群位于山西省中部，以山西省太原市为中心，晋中城镇密集区为主体，共包括太原、阳泉、晋中、忻州、吕梁 5 个城市。

根据《中国城市统计年鉴》（2016）数据计算，2015 年，山西中部城市群户籍总人口达 1 523 万人，GDP 达 6 014 亿元，其中核心城市太原市GDP 达 2 735 亿元。

（十）哈长城市群

哈长城市群处于全国"两横三纵"城市化战略格局京哈京广通道纵轴北端，是全国重要的老工业基地和最大的商品粮基地，也是东北地区城市群的重要组成区域和东北地区对外开放的重要门户。2016 年 2 月，国务院批复实施的《哈长城市群发展规划》指出，哈长城市群范围包括黑龙江省哈尔滨市、大庆市、齐齐哈尔市、绥化市、牡丹江市，吉林省长春市、吉林市、四平市、辽源市、松原市、延边朝鲜族自治州 11 个城市。哈长城市群的发展定位是东北老工业基地振兴发展重要增长极，北方开放重要门户，老工业基地体制机制创新先行区，绿色生态城市群。[①]

根据《中国城市统计年鉴》（2016）数据计算，2015 年，哈长城市群户籍总人口达 4 716 万人，GDP2.5 万亿元，其中核心城市哈尔滨市、长春市 GDP 分别为 5 751 亿元、5 530 亿元，在城市群中经济总量分列第 1、第 2 位。

（十一）成渝城市群

成渝城市群处于全国"两横三纵"城市化战略格局沿长江通道横轴和包昆通道纵轴的交汇地带，是全国重要的城镇化区域，具有承东启西、连接

---

① 国家发展和改革委员会. 哈长城市群发展规划［R］.2016，2.

南北的区位优势。2016 年 4 月，国务院批复实施的《成渝城市群发展规划》指出成渝城市群具体范围包括重庆市的渝中、万州、黔江、涪陵、大渡口、江北、沙坪坝、九龙坡、南岸、北碚、綦江、大足、渝北、巴南、长寿、江津、合川、永川、南川、潼南、铜梁、荣昌、璧山、梁平、丰都、垫江、忠县 27 个区（县）以及开县、云阳的部分地区，四川省的成都、自贡、泸州、德阳、绵阳（除北川县、平武县）、遂宁、内江、乐山、南充、眉山、宜宾、广安、达州（除万源市）、雅安（除天全县、宝兴县）、资阳 15 个市，该范围总面积 18.5 万平方公里，2014 年常住人口 9 094 万人，地区生产总值 3.76 万亿元，分别占全国的 1.92%、6.65% 和 5.49%。①

（十二）黔中城市群

黔中城市群位于贵州省中部地区，范围包括贵阳市、遵义市、安顺市、毕节市、黔东南州、黔南州 6 个市（州）及贵安新区的 33 个县（市、区），区域总面积 5.38 万平方公里。② 黔中城市群作为贵州最具发展条件的重点城市化区域和经济实力最强的板块，是带动贵州经济持续快速增长、促进区域协调发展的重要平台。《黔中城市群发展规划》指出，黔中城市群以建设西部地区新的经济增长极、山地特色新型城镇化先行示范区、内陆开放型经济新高地、绿色生态宜居城市群为战略定位，以综合发展实力实现新跨越、城镇体系结构形成新格局、创新开放能力成为新动力、生态环境建设构筑新优势、体制机制改革建立新支撑的五个"新"为发展目标。

（十三）滇中城市群

滇中城市群是云南省交通设施密集，开发强度最高，发展基础最牢，发展水平最高，继续开发前景最好的区域，是带动全省经济社会发展的龙头和云南省参与国内外区域协作、竞争的主体。滇中城市群由昆明市、曲靖市、

---

① 国家发展和改革委员会. 成渝城市群发展规划 [R]. 2016，4.
② 《黔中城市群发展规划》正式印发实施 [EB/OL]，http://www.gywb.cn，2017-03-17.

玉溪市和楚雄彝族自治州及红河哈尼族彝族自治州北部的蒙自市、个旧市、建水县、开远市、弥勒市、泸西县、石屏县 7 个县市组成，是云南省经济最发达的地区，国土面积占全省 29%，人口占全省 44.02%。2015 年滇中城市群生产总值为 8 397.99 亿元，占全省 GDP 总量的 61.22%，人均生产总值 40 236 元，高出全省平均水平 11 221 元。[①]

（十四）关中平原城市群

关中平原城市群位于中国西北部，汾渭盆地西端，是指以西安、咸阳为中心、宝鸡为副中心，包括渭南、铜川、商洛等城市的城市群，是陕西人口最密集地区，经济发达、文化繁荣，在全国区域经济发展中占有重要地位。

根据《中国城市统计年鉴（2016）》数据计算，2015 年，关中平原城市群户籍总人口达 2 619 万人，GDP 4 413 亿元，其中，西安、咸阳两个核心城市的 GDP 分别为 5 801 亿元、2 156 亿元，在城市群中经济总量分列第 1、第 2 位。

（十五）兰西城市群

兰西城市群位于青藏高原向黄土高原过渡带，是甘肃省、青海省经济发展的核心区，中国西北地区经济社会发展的产业集聚区、经济增长区、财富积聚区和科技文化创新区，主要包括甘肃、青海两省的兰州、白银、西宁、定西、临夏和海东等城市。[②]

根据《中国城市统计年鉴》（2016）数据计算，2015 年，兰西城市群户籍总人口达 1 200 万人，GDP 2.5 万亿元，其中，核心城市兰州市的 GDP 达 2 096 亿元，为城市群经济总量最大值。

（十六）宁夏沿黄城市群

宁夏沿黄城市群地处西北内陆的宁夏平原，是国家"两横三纵"战略

---

① 云南省住房和城乡建设厅.《滇中城市群规划（2016～2049 年）》（公示稿）[R]. 2016，12：12.

② 张剑. 兰白西城市群集聚与扩散研究 [D]. 兰州：西北师范大学，2015：12.

格局的重要组成部分，由银川市、石嘴山市、吴忠市、中卫市等主要城市组成，具有良好的经济基础、较强的资源环境承载能力和发展潜力，是人口分布的主要集聚区，带动宁夏经济发展的重要增长极。①

根据《中国城市统计年鉴》（2016）数据计算，2015 年，宁夏沿黄城市群户籍总人口达 514 万人，GDP 2 698 亿元。其中，核心城市银川市的 GDP 达 1 494 亿元，为城市群经济总量最大值。

（十七）呼包鄂榆城市群

呼包鄂榆城市群位于全国"两横三纵"城市化战略格局中包昆通道纵轴的北端，包括内蒙古自治区呼和浩特、包头、鄂尔多斯和陕西省榆林的部分地区。呼包鄂榆地区地势平缓，地貌类型为河流谷地，土地资源相对丰富，开发强度相对较低，该地区功能定位为全国重要的能源、煤化工基地、农畜产品加工基地和稀土新材料产业基地，北方地区重要的冶金和装备制造业基地。

根据《中国城市统计年鉴》（2016）数据计算，2015 年，呼包鄂榆城市群户籍总人口 997 万人，GDP 1.37 万亿元，其中，鄂尔多斯的 GDP 是城市群中的最大值，为 4 226 亿元。

（十八）天山北坡城市群

天山北坡城市群位于新疆中部、天山北麓，包括乌鲁木齐、阜康、昌吉、呼图壁、玛纳斯、石河子、沙湾、乌苏、奎屯、克拉玛依等市县，城镇、交通、能源等基础条件好，是新疆经济最发达的地区和最重要的人口和经济集聚区，对全疆经济起着重要的带动、辐射和示范作用，肩负着缩小与东部发展差距、维护边疆安全和民族团结的历史责任。②

---

① 任凯丽，朱志玲，受梦婷. 宁夏沿黄城市群人口与经济时空耦合研究 [J]. 现代城市研究，2016（7）：91–97.

② 高倩，阿里木江·卡斯木. 基于 DIVISP/OLS 夜间灯光数据的天山北坡城市群人口分布空间模拟 [J]. 西北人口，2017（3）：113–117.

根据《中国城市统计年鉴》（2016）数据计算，2015 年，天山北坡城市群户籍总人口达 525 万人，GDP 4 890 亿元。其中，乌鲁木齐的 GDP 是城市群中的最大值，为 2 632 亿元。

综合上述，作为城镇化与生态环境耦合协调发展比较研究单元的 19 个城市群的空间范围详见表 6 - 1。

表 6 - 1　　　　　　　　　中国 19 个城市群及其空间范围

序号	地区	城市群名称	城市群范围	城市个数
1	东部	京津冀	北京、天津、石家庄、唐山、秦皇岛、保定、张家口、承德、沧州、廊坊	10
2		长三角	上海、南京、无锡、常州、苏州、南通、盐城、扬州、镇江、泰州、杭州、宁波、嘉兴、湖州、绍兴、金华、舟山、台州、合肥、芜湖、马鞍山、铜陵、安庆、滁州、池州、宣城	26
3		珠三角	广州、深圳、珠海、佛山、江门、肇庆、惠州、东莞、中山、汕尾、清远、云浮、河源、阳江	14
4		辽中南	沈阳、大连、鞍山、抚顺、本溪、丹东、营口、辽阳、盘锦、铁岭	10
5		海峡西岸	福州、厦门、莆田、泉州、漳州、南平、宁德、龙岩、温州、丽水、汕头、潮州、揭阳、梅州	14
6		山东半岛	济南、青岛、淄博、枣庄、东营、烟台、潍坊、济宁、泰安、威海、日照、莱芜、临沂、德州、聊城、滨州、菏泽	17
7	中部	长江中游	武汉、黄石、鄂州、黄冈、孝感、咸宁、仙桃、潜江、天门、襄阳、宜昌、荆州、荆门、长沙、株洲、湘潭、岳阳、益阳、常德、衡阳、娄底、南昌、九江、景德镇、鹰潭、新余、宜春、萍乡、上饶、抚州、吉安	31
8		中原	郑州、洛阳、开封、南阳、安阳、商丘、新乡、平顶山、许昌、焦作、周口、信阳、驻马店、鹤壁、濮阳、漯河、三门峡、济源、长治、晋城、运城、聊城、菏泽、宿州、淮北、阜阳、亳州、蚌埠、邢台、邯郸	30
9		山西中部	太原、阳泉、晋中、忻州、吕梁	5
10		哈长	哈尔滨、大庆、齐齐哈尔、绥化、牡丹江、长春、吉林、四平、辽源、松原、延边朝鲜族自治州	11

序号	地区	城市群名称	城市群范围	城市个数
11		北部湾	南宁、北海、钦州、防城港、玉林市、崇左市、湛江市、茂名市、阳江市、海口市、儋州市、东方市、澄迈县、临高县、昌江黎族自治县	15
12		成渝	重庆、成都、自贡、泸州、德阳、绵阳、遂宁、内江、乐山、南充、眉山、宜宾、广安、达州、雅安、资阳	16
13		黔中	贵阳、遵义、安顺、毕节、黔东南州、黔南州	6
14	西部	滇中	昆明、曲靖、玉溪、楚雄、蒙自、个旧、建水、开远、弥勒、泸西、石屏	11
15		关中平原	西安、铜川、宝鸡、咸阳、商州、渭南	6
16		兰西	兰州、白银、定西、临夏、西宁、海东	6
17		宁夏沿黄	银川、石嘴山、吴忠、中卫	4
18		呼包鄂榆	呼和浩特、包头、鄂尔多斯、榆林	4
19		天山北坡	乌鲁木齐、昌吉、米泉、阜康、呼图壁、玛纳斯、石河子、沙湾、乌苏、奎屯、克拉玛依	11

二、城镇化与生态环境评价指标体系的构建

(一) 城镇化评价指标体系

城镇化是一个复杂的系统过程，包括人口由农村向城市的聚集与转变，经济上农业经济向非农经济的转变，空间上城镇土地规模的扩张，人的生活方式由农村生活向城镇生活的转变四方面的内容。要科学、客观地评价城镇化水平，建立城镇化评价指标体系应遵循以下原则：

第一，科学性原则。指标体系的选择、数据的选取、计算、合成等都必须建立在一定的科学基础之上，从客观实际出发，实事求是，以科学的态度选取指标，有利于对研究对象作出更为准确的测评。一方面指标不宜过多或过细，以免出现计算烦琐、信息重叠；另一方面也不宜过少过简，以免造成信息漏损，结果不真实。

第二，层次性原则。整个城镇化指标体系包括经济、社会、人口、生活方式等各个具体指标，每一个具体指标都应该有其适当的位置和层次，能真实客观地反映自身的发展情况以及其他子系统之间的相互关系。

第三，可操作性原则。城镇化指标体系的构建要充分考虑研究的现实情况，不能过于理论化或理想化，避免找不到相应数据和资料，使得研究无法继续。要结合实用及可操作性的原则，尽量寻找一些代表性强的可量化、易获取并且来自权威机构颁布的统计数据。

根据以上原则，按照人口城镇化、经济城镇化、空间城镇化、社会城镇化 4 个方面对城镇化发展水平进行评价，共选取了 12 项评价指标，见表 6 – 2。

表 6 – 2　　　　　　　　　城镇化水平评价指标体系

一级指标	熵值法权重	变异系数法权重	CRITIC法权重	综合权重	二级指标	熵值法权重	变异系数法权重	CRITIC法权重	综合权重
人口城镇化	0.215	0.160	0.184	0.187	市区人口比重（%）	0.374	0.391	0.227	0.331
					市区人口密度（人/平方公里）	0.265	0.278	0.443	0.328
					每万人在校大学生数（人）	0.361	0.331	0.330	0.341
经济城镇化	0.292	0.353	0.304	0.316	人均GDP（元）	0.312	0.338	0.267	0.306
					人均固定资产投资（元）	0.182	0.237	0.365	0.261
					人均公共财政收入（元）	0.506	0.425	0.368	0.433
空间城镇化	0.274	0.226	0.291	0.263	建成区面积占市区面积比重（%）	0.323	0.393	0.229	0.315
					城市建设用地面积占市区面积比重（%）	0.303	0.287	0.297	0.296
					人均城市道路面积（平方米）	0.374	0.320	0.474	0.389
社会城镇化	0.219	0.261	0.221	0.234	人均社会消费品零售总额（元）	0.223	0.272	0.425	0.307
					每万人高等学校专任教师数（人）	0.352	0.315	0.308	0.325
					每万人医院、卫生院床位数（张）	0.425	0.413	0.267	0.368

1. 人口城镇化评价指标

人口城镇化评价指标包括市区人口比重、市区人口密度、每万人在校大学生数 3 项指标，均为正向指标。其中，市区人口比重用城市群各城市的市区人口总和/户籍人口总和表示，主要反映城市群市区人口在总人口中的比重；市区人口密度用城市群各城市的市区人口总和/市辖区土地面积总和表示，主要反映城市群市区人口的密集程度；每万人在校大学生数用城市群各城市的在校大学生人数总和/户籍人口总和 × 10 000 表示，主要反映城市群人口的受教育程度及人才资源情况。

2. 经济城镇化评价指标

经济城镇化指标包括人均 GDP、人均固定资产投资、人均公共财政收入 3 项指标，均为正向指标。其中，人均 GDP 用城市群各城市的 GDP 总和/户籍人口总和表示，主要反映城市群的经济发展状况；人均固定资产投资用城市群各城市的固定资产投资总和/户籍人口总和表示，主要反映城市群的固定资产投资水平；人均公共财政收入用城市群各城市的公共财政收入总和/户籍人口总和表示，主要反映城市群的政府的收入水平。

3. 空间城镇化评价指标

空间城镇化评价指标包括建成区面积占市区面积比重、城市建设用地面积占市区面积比重、人均城市道路面积 3 项指标，均为正向指标。其中，建成区面积占市区面积比重用城市群各城市建成区面积总和/市区面积总和表示，主要反映城市已开发建设的程度；城市建设用地面积占市区面积比重用城市群各城市建设用地面积总和/市区面积总和表示，主要反映城市用地面积中的各项建设用地面积的情况；人均城市道路面积用城市群各城市道路面积总和/户籍人口总和表示，主要反映城市群的城市道路建设情况。

4. 社会城镇化评价指标

社会城镇化评价指标包括人均社会消费品零售总额，每万人高等学校专任教师数，每万人医院、卫生院床位数 3 项指标，均为正向指标。其中人均社会消费品零售总额用城市群各城市社会消费品零售总额之和/户籍人口之和表示，主要城市反映城市群的消费水平；每万人高等学校专任教师数用城市群各城市高等学校专任教师总和/户籍人口总和×10 000 表示，主要反映城市群的教育资源情况；每万人医院、卫生院床位数用城市群各城市医院、卫生院床位数总和/户籍人口总和×10 000 表示，主要反映城市群的医疗资源情况。

（二）生态环境评价指标体系

生态环境是由生态关系组成的环境，是与人的生存发展直接相关的环境，包括水资源、土地资源、生物资源以及气候资源的数量与质量，关系到社会和经济持续健康发展的复合生态系统。PSR（Pressure – State – Response），即"压力—状态—响应"模型，由 A. Friend 等学者于 20 世纪 70 年代末提出，经济合作与发展组织（OECD）和联合国环境规划署（UNEP）于 20 世纪 80 年代末共同发展起来，该方法能够将自然、社会等多方面的因素进行综合评价，是常用于研究生态环境问题的框架指标体系。[①]

PSR 模型最具特色的是具有非常清晰的因果关系，采用"原因—效应—响应"这一逻辑思维过程来构造指标体系，是针对问题而提出的，其主要目的是描述"发生了什么""为什么发生""应该如何做"这三个问题，即人类活动对环境施加了一定的压力，因为这个原因，环境状态发生了一定的变化，而人类社会应当对环境的变化做出反应，以恢复环境质量或防止环境退化。[②]

PSR 模型中的"压力"是指人类活动中造成发展不可持续的方面，如人类活动对能源的消耗、产生的污染等；"状态"反应发展过程中系统所处的状态，即资源环境现在的状态即发生了的事情，如大气、水、土地、生物多样性状态等；"响应"表示人类活动为促进系统良性发展所采取的对策措施，减少对资源的消费和环境的污染，包括立法、经济手段、新技术的开发和利用等措施。[③]

---

①　肖佳媚，杨圣云. PSR 模型在海岛生态系统评价中的应用［J］. 厦门大学学报（自然科学版），2007（8）：91 – 196.

②　谢跟踪，邱彭华，堪永生. 基于 PSR 模型的海南岛生态环境综合评价［J］. 自然地理学与生态建设，2006（7）：86 – 92.

③　唐丽平. 基于 PSR 框架下的武汉市生态安全评价与对策研究［D］. 武汉：华中师范大学，2012：16.

生态环境评价要客观如实反映城市群生态环境的状态、压力和响应，应根据城市群具体实际科学地、全面地、客观地选择指标并构建指标体系。总体而言，生态环境评价指标的选取应遵循以下几个原则：

第一，客观性原则。根据城市群的实际情况来制定指标，避免那些不确定的指标和人为因素造成的干扰。

第二，科学性原则。生态环境指标的选择、数据的计算要建立在科学的基础上，应能科学地反应生态环境特点和实质内涵。

第三，独立性原则。生态环境各指标构建的指标体系，虽然有一些关联和相似性，但是各个指标应该尽量避免交叉或重复，而应抓住其主要因素减少交叉与冗余，以提高评价的准确性。

第四，可获得性原则。要综合考虑数据的可获取性，研究方法的可行性等，也就是说建立指标所用到的数据要相对容易计算和获得。

根据 PSR 模型，并遵循指标选取的客观性、科学性、独立性、可获得性等原则，本研究建立的生态环境水平评价指标体系包括压力、状态、响应 3 个层次共 9 项指标，见表 6 - 3。

表 6 - 3　　　　　　　　　生态环境水平评价指标体系

一级指标	熵值法权重	变异系数法权重	CRITIC法权重	综合权重	二级指标	熵值法权重	变异系数法权重	CRITIC法权重	综合权重
生态环境压力	0.321	0.239	0.449	0.336	人均工业废水排放量（吨）	0.389	0.374	0.450	0.405
					人均工业二氧化硫排放量（吨）	0.214	0.256	0.243	0.237
					人均工业烟（粉）尘排放量（吨）	0.397	0.370	0.307	0.358
生态环境状态	0.479	0.596	0.350	0.475	市区人均供水量（吨）	0.433	0.395	0.313	0.380
					人均公园绿地面积（m²）	0.294	0.306	0.357	0.319
					建成区绿化覆盖率（%）	0.274	0.299	0.330	0.301

续表

一级指标	熵值法权重	变异系数法权重	CRITIC法权重	综合权重	二级指标	熵值法权重	变异系数法权重	CRITIC法权重	综合权重
生态环境响应	0.200	0.165	0.201	0.189	一般工业固体废物综合利用率（%）	0.440	0.399	0.444	0.427
					污水处理厂集中处理率（%）	0.351	0.352	0.317	0.340
					生活垃圾无害化处理率（%）	0.209	0.249	0.239	0.233

1. 生态环境压力指标

生态环境压力指标包括人均工业废水排放量、人均工业二氧化硫排放量、人均工业烟（粉）尘排放量 3 项指标，均为逆向指标。人均工业废水排放量用城市群各城市工业废水排放量之和/户籍人口之和表示，主要反映城市群废水排放对生态环境造成的压力；人均工业二氧化硫排放量用城市群各城市工业二氧化硫排放量之和/户籍人口之和表示，主要反映城市群废气排放对生态环境造成的压力；人均工业烟（粉）尘排放量用城市群各城市工业烟（粉）尘排放量之和/户籍人口之和表示，主要反映城市群烟（粉）尘排放对生态环境造成的压力。

2. 生态环境状态指标

生态环境状态指标包括市区人均供水量、人均公园绿地面积、建成区绿化覆盖率 3 项指标，均为正向指标。其中，市区人均供水量用城市群各城市供水总量之和/户籍人口之和表示，间接反映城市群水资源情况；人均公园绿地面积用城市群各城市公园绿地面积之和/户籍人口之和表示，主要反映城市群公园绿地建设情况；建成区绿化覆盖率用城市群各城市建成区绿化覆盖率的均值表示，主要反映城市群建成区绿化情况。

3. 生态环境响应指标

生态环境响应指标包括一般工业固体废物综合利用率、污水处理厂集中处理率、生活垃圾无害化处理率 3 项指标，均为正向指标。一般工业固体废物综合利用率用城市群各城市一般工业固体废物综合利用率的均值表示，主要反映城市群一般工业固体废物回收利用情况；污水处理厂集中处理率用城市群各城市污水处理厂集中处理率的均值表示，主要反映城市群对污水的集中处理情况；生活垃圾无害化处理率用城市群各城市生活垃圾无害化处理率的均值表示，主要反映城市群对生活垃圾的无害化处理情况。

三、城镇化及生态环境水平的计算方法

（一）数据的来源及标准化处理

为保证数据的统一性、可比性和权威性，本研究中 19 个城市群包括的各个城市的数据绝大部分采集于《中国城市统计年鉴》（2016 年）；对于少部分城市的数据在《中国城市统计年鉴》中没有收集，则采集于城市所在省份的统计年鉴或政府官网公告；对于极少数确实采集不到的城市数据，则用该城市所在省份数据的均值替代。各城市群相关指标的数据则由其所包含城市的数据经计算得出。

考虑到各城市群相关指标数据的单位不一致，不能综合计算，利用极差标准化公式对指标进行标准化处理。对于正向指标，公式为：

$$u_{ij} = x_{ij} - \min(x_{ij})/\max(x_{ij}) - \min(x_{ij}) \qquad (6-1)$$

对于逆向指标，公式为：

$$u_{ij} = \max(x_{ij}) - x_{ij}/\max(x_{ij}) - \min(x_{ij}) \qquad (6-2)$$

以上公式中的 u_{ij} 为指标标准化值，取值在 [0, 1] 范围内，x_{ij} 为指标原始值，$\max(x_{ij})$ 为指标最大原始值，$\min(x_{ij})$ 为指标最小原始值。

（二）城镇化及生态环境水平的计算公式

城镇化及生态环境是两个相互独立又相互影响的子系统，可用线性加权

法分别计算两者的发展水平指数，公式如下：

$$U_t = \sum_j^n u_{ij}\lambda_j \quad (j=1,2,\cdots,n) \qquad (6-3)$$

其中，U_t 代表为城镇化或生态环境水平指数，λ_j 为各指标的权重，并且 $\sum_j^n \lambda_j = 1$。因 u_{ij} 的值在 ［0，1］ 范围内，U_t 的值也在 ［0，1］ 范围内。

（三）指标权重的确定

为避免主观因素造成的计算误差，本研究使用客观赋权法计算各指标的权重。考虑到每种客观赋权法都有一定的局限性，为了降低使用单一赋权法所带来的差异性，分别使用熵值法、变异系数法、CRITIC 法 3 种方法计算各指标的权重，然后计算 3 种权重的算术平均值得到综合权重，作为各指标的最终权重 λ_j，见表 6 - 2、表 6 - 3。

1. 熵值法

在信息论中，熵是对不确定性的一种度量。信息量越大，不确定性就越小，熵也就越小；信息量越小，不确定性越大，熵也越大。熵值法是指用来判断某个指标的离散程度的数学方法，离散程度越大，该指标对综合评价的影响越大，即根据指标的观测值提供的信息量和各指标的变异程度确定权重值。

熵值法的主要原理是：设有 m 个考察样本，n 个评价指标，形成数据矩阵 $X=(u_{ij})_{m\times n}$，对于某项指标 u_j，指标值的差距越大，则该指标在综合评价中所起的作用越大；如果某项指标的值全部相等，则该指标在综合评价中不起作用。[①] 熵值赋权法具体计算步骤如下：

第一，对于经过标准化处理的指标 u_{ij}，计算第 j 项指标下第 i 样本指标的比重 y_{ij}：$y_{ij} = u_{ij}/\sum_{i=1}^m u_{ij}$；第二，计算第 j 项指标的信息熵值 e_j：$e_j = -K\cdot$

---

① 黄河东. 中国城市群城市化与生态环境协调发展比较研究 ［J］. 生态经济，2016（4）：45 - 48.

$\sum_{i=1}^{m} y_{ij} \cdot \ln y_{ij}$，式中，$K$ 为常数，与样本数 m 有关，一般令 $K = 1/\ln m$；第三，计算各指标的信息效用值 d_j：$d_j = 1 - e_j$，信息效用值直接影响权重的大小，其值越大，对评价的重要性越大，权重也越大；第四，计算各指标的权重，第 j 项指标的权重为 w_j：$w_j = d_j / \sum_{i=1}^{m} d_j$。

2. 变异系数法

变异系数又称标准差率，是衡量各观测值变异程度的一个统计量。变异系数法是利用各项指标所包含的信息量来计算指标权重的一种客观赋权法。一般地，如果某项指标的标准差越大，表明其变异的程度越大，所提供的信息量就越大，权重也应越大。反之，标准差越小，则权重越小。标准差与平均数的比值即变异系数。变异系数法计算指标权重的公式为：

$$b_j = V_j / \sum_{j=1}^{n} V_j, V_j = \sigma_j / \overline{x_j} \quad (i = 1, 2, \cdots, n) \quad (6-4)$$

其中，b_j 为第 j 项指标的权重，V_j 为第 j 项指标的变异系数，σ_j 为第 j 项指标的标准差，$\overline{x_j}$ 为第 j 项指标的平均数。

3. CRITIC 法

CRITIC（Criteria Importance Through Intercriteria Correlaiton）法是由 Diakoulaki 提出的一种客观权重赋权方法，其基本思路是由两个基本概念确定指标的权重。一是对比强度，即以标准差表示同一个指标内各样本取值差距的大小，标准差越大各样本间取值差距越大；二是评价指标之间的冲突性，以指标之间的相关性为基础表示，如两个指标之间具有较强的正相关，说明两个指标冲突性较低。[1] CRITIC 法计算指标权重的公式为：[2]

---

[1] D. Diakoulaki, G. Mavrotas and L. Papayannakis. Detemunin objective weights in multiple crireria problems：The CRITIC method [J]. Computers and Operations Research, 1995 (7)：763 – 770.

[2] 王昆，宋海洲. 三种客观权重赋权法的比较分析 [J]. 技术经济与管理研究, 2003 (6)：48 – 49.

$$f_j = C_j \Big/ \sum_{j=1}^{n} C_j, \quad C_j = \sigma_j \sum_{i=1}^{n} (1 - r_{ij}) \qquad (i, \ t = 1, \ 2, \ \cdots, \ n) \ (6-5)$$

其中，f_j 为第 j 项指标的权重，C_j 表示第 j 项指标表示的信息量，σ_j 为第 j 项指标的标准差，r_{ij} 为指标 t 与指标 j 之间的相关系数，$\sum_{t=1}^{n} (1 - r_{ij})$ 为第 j 项指标与其他指标的冲突量的量化指标。

四、北部湾城市群城镇化水平的计算及比较分析

利用公式（6-3），代入相关的数据，分别计算中国 19 个城市群的人口城镇化、经济城镇化、空间城镇化、社会城镇化及城镇化水平指数，并按指数值大小排序。

（一）城市群城镇化水平的特点

从总体上看，中国 19 个城市群的城镇化水平指数处于 0.074～0.709，其中珠三角城市群、长三角城市群的人口、经济、空间、社会 4 方面城镇化得分均排名前 5 位，达到较高的水平，城镇化水平指数均超过了 0.7，分别达到了 0.709、0.704，排在第 1、第 2 位；呼包鄂榆城市群、天山北坡城市群尽管分别在人口城镇化及空间城镇化方面得分较低，但在其他方面城镇化得分较高，均处于前 5 位，城镇化水平指数分别为 0.630、0.615，排名分列第 3、第 4 位；黔中城市群、北部湾城市群、成渝城市群 4 方面城镇化得分均较低，城镇化水平指数分别为 0.074、0.128、0.218，排名为最后 3 位。

19 个城市群城镇化整体水平不高，仅 6 个城市群的城镇化水平指数超过 0.5，占 31.58%；13 个城市群的城镇化水平指数低于 0.382 的平均水平，占 68.42%；城市群城镇化指数最高的与最低的相比，差距近 10 倍，说明城市群间城镇化水平差距非常明显，见表 6-4。

表 6 – 4　　　　　　　　中国 19 个城市群城镇化水平指数及排序

地区	城市群	人口城镇化	排序	经济城镇化	排序	空间城镇化	排序	社会城镇化	排序	城镇化水平	排序
东部	京津冀	0.562	7	0.683	5	0.394	8	0.460	6	0.532	6
	长三角	0.585	5	0.818	3	0.767	1	0.575	2	0.704	2
	珠三角	0.619	3	0.844	2	0.746	2	0.558	3	0.709	1
	辽中南	0.639	2	0.431	6	0.661	3	0.522	4	0.552	5
	海峡西岸	0.272	16	0.272	10	0.273	13	0.131	16	0.239	15
	山东半岛	0.368	11	0.358	7	0.516	6	0.259	13	0.378	7
中部	长江中游	0.391	10	0.275	9	0.351	9	0.251	14	0.311	11
	中原	0.317	14	0.060	18	0.549	4	0.057	17	0.236	16
	山西中部	0.579	6	0.199	13	0.404	7	0.404	9	0.372	8
	哈长	0.411	9	0.197	14	0.301	11	0.364	11	0.303	12
西部	北部湾	0.261	17	0.061	17	0.179	18	0.054	18	0.128	18
	成渝	0.366	12	0.171	15	0.187	17	0.200	15	0.218	17
	黔中	0.188	19	0.000	19	0.126	19	0.023	19	0.074	19
	滇中	0.279	15	0.209	12	0.233	15	0.432	7	0.281	13
	关中平原	0.599	4	0.257	11	0.290	12	0.413	8	0.366	9
	兰西	0.483	8	0.153	16	0.193	16	0.385	10	0.280	14
	宁夏沿黄	0.243	18	0.340	8	0.349	10	0.361	12	0.329	10
	呼包鄂榆	0.358	13	0.960	1	0.544	5	0.500	5	0.630	3
	天山北坡	0.672	1	0.722	4	0.241	14	0.844	1	0.615	4
均值		0.431		0.369		0.384		0.358		0.382	

从北部湾城市群城镇化发展水平看，北部湾城市群人口城镇化、经济城镇化、空间城镇化及社会城镇化指数为分别为 0.261、0.061、0.179、0.054，均排在第 17 或第 18 位，主要在于北部湾城市群在人口城镇化、经济城镇化、空间城镇化、社会城镇化 4 个方面城镇化均处于低水平，由此得出的城镇化水平指数仅为 0.128，仅略高于黔中城市群，排在第 18 位，即倒数第 2 位，与其他城市群特别是东部城区城市群城镇化水平相比，存在很

大的差距。比如，与城镇化水平指标最高的珠三角城市群的 0.709 相比，北部湾城市群城镇化指数仅占珠三角城市群的 18.05%；与 19 个城市群的城镇化指数均值 0.382 相比，北部湾城市群城镇化水平指数仅占均值的 33.51%，见图 6 - 1。

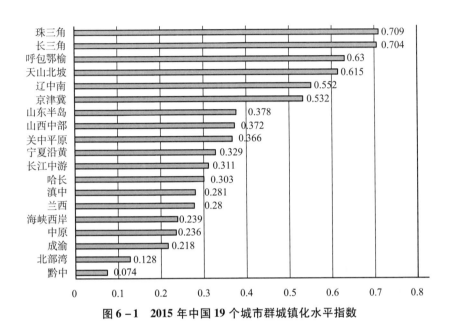

图 6 - 1　2015 年中国 19 个城市群城镇化水平指数

（二）城市群人口城镇化水平的特点

从人口城镇化水平看，中国 19 个城市群人口城镇化水平指数处于 0.188 ~ 0.672，其中天山北坡城市群、辽中南城市群、珠三角城市群 3 个城市群的人口城镇化水平排在前 3 位，人口城镇化水平指数分别为 0.672、0.639、0.619；天山北坡城市群人口城镇化水平指数最高，主要的原因在于天山北坡城市群人口基数比较小，市区人口比重和每万人在校大学生数在 19 个城市群中为最大值；黔中城市群、宁夏沿黄城市群、北部湾城市群 3 个城市群的人口城镇化水平排在后 3 位，人口城镇化水平指数分别为 0.188、0.243、0.261。

北部湾城市群在 19 个城市群中，人口城镇化水平指数为 0.261，排名第 17 位，仅略高于黔中城市群和宁夏沿黄城市群；与人口城镇化水平指数最高值的天山北坡城市群的 0.672 相比，仅占 38.84%；与 19 个城市群人口城镇化水平指数的均值 0.431 相比，仅占均值的 60.53%；说明北部湾城市群的人口城镇化处于非常低的水平，主要体现在北部湾城市群在市区人口比重、市区人口密度、每万人在校大学生数 3 个衡量指标中均处于较低的水平，说明城镇聚集人口的能力比较低，见表 6-4、图 6-2。

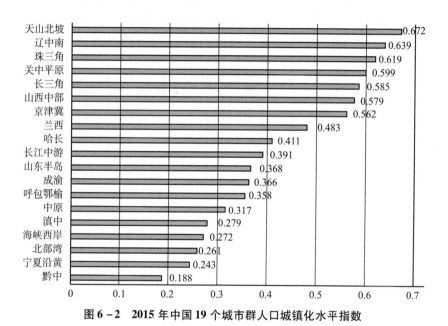

图 6-2　2015 年中国 19 个城市群人口城镇化水平指数

（三）城市群经济城镇化水平的特点

从经济城镇化水平看，中国 19 个城市群经济城镇化水平指数处于 0~0.96，其中呼包鄂榆城市群、珠三角城市群、长三角城市群 3 个城市群的经济城镇化水平排在前 3 位，经济城镇化水平指数分别为 0.96、0.844、0.818；呼包鄂榆城市群经济城镇化水平指数最高，主要的原因在于其人口基数比较小，衡量经济城镇化的人均 GDP、人均固定资产投资、人均财政收入 3 个指标均处于较高的水平；黔中城市群、中原城市群、北部湾城市群 3 个城市群的经济城镇化水平排在后 3 位，经济城镇化水平指数分别为 0、

0.06、0.061，黔中城市群经济城镇化水平指数为 0，原因在于衡量经济城镇化的人均 GDP、人均固定资产投资、人均财政收入 3 个指标均刚好排末位，因各指标数据都经过标准化处理，排末位即最小的指标均为 0，由此计算出经济城镇化水平指数刚好为 0。

北部湾城市群在 19 个城市群中，经济城镇化水平指数为 0.061，排名第 17 位，仅略高于黔中城市群和中原城市群；与经济城镇化水平指数最高值的呼包鄂榆城市群的 0.96 相比，仅占 6.35%；与 19 个城市群经济城镇化水平指数的均值 0.369 相比，仅占均值的 16.53%；说明北部湾城市群的经济城镇化处于非常低的水平，主要体现在北部湾城市群在人均 GDP、人均固定资产投资、人均财政收入 3 个衡量经济城镇化指标中都处于较低的水平，说明城市经济发展仍处于低水平，见表 6 - 4、图 6 - 3。

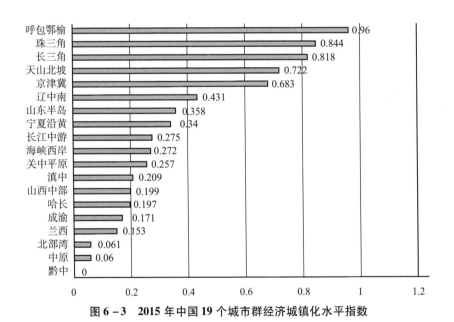

图 6 - 3　2015 年中国 19 个城市群经济城镇化水平指数

（四）城市群空间城镇化水平的特点

从空间城镇化水平看，中国 19 个城市群空间城镇化水平指数处于 0.126 ~
0.767 之间，其中长三角城市群、珠三角城市群、辽中南城市群 3 个城市群的空间城镇化水平排在前 3 位，空间城镇化水平指数分别为 0.767、0.746、0.661；黔中城市群、北部湾城市群、成渝城市群 3 个城市群的空间城镇化水平排在后 3 位，空间城镇化水平指数分别为 0.126、0.179、0.187。

北部湾城市群在 19 个城市群中，空间城镇化水平指数为 0.179，排名第 18 位，仅略高于黔中城市群；与空间城镇化水平指数最高值的长三角城市群的 0.767 相比，仅占 23.34%；与 19 个城市群经济城镇化水平指数的均值 0.384 相比，仅占均值的 46.56%；说明北部湾城市群的空间城镇化处于较低的水平，主要体现在北部湾城市群在建成区面积占市区面积比重、城市建设用地面积占市区面积比重、人均城市道路面积 3 个衡量空间城镇化的指标中都处于较低的水平，说明城镇的空间规模仍处于低水平，见表 6-4、图 6-4。

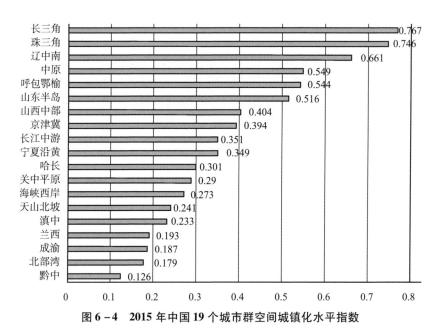

图 6-4　2015 年中国 19 个城市群空间城镇化水平指数

（五）城市群社会城镇化水平的特点

从社会城镇化水平看，中国 19 个城市群社会城镇化水平指数处于 0.023 ~ 0.844，其中天山北坡城市群、长三角城市群、珠三角城市群 3 个城市群的社会城镇化水平排在前 3 位，社会城镇化水平指数分别为 0.844、0.575、0.558；

黔中城市群、北部湾城市群、中原城市群3个城市群的社会城镇化水平排在后3位，社会城镇化水平指数分别为0.023、0.054、0.057。

　　北部湾城市群在19个城市群中，社会城镇化水平指数为0.054，排名第18位，仅略高于黔中城市群；与社会城镇化水平指数最高值的天山北坡城市群的0.844相比，仅占6.44%；与19个城市群社会城镇化水平指数的均值0.358相比，仅占均值的15.1%；说明北部湾城市群的社会城镇化处于非常低的水平，主要体现在于北部湾城市群在人均社会消费品零售总额，每万人高等学校专任教师数，每万人医院、卫生院床位数3个衡量社会城镇化的指标中都处于较低的水平，城镇化过程中人们的生活仍处于较低水平，见表6-4、图6-5。

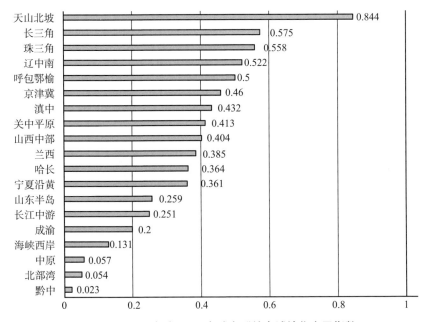

图6-5 2015年中国19个城市群社会城镇化水平指数

五、北部湾城市群生态环境水平的计算及比较分析

　　利用公式（6-3），分别计算中国19个城市群的生态环境压力、状态、响应及生态环境水平指数，并按指数值大小排序。其中，生态环境压力指数

得分越高，表示压力越小，反之得分越低，压力越大。

（一）城市群生态环境水平的整体特点

从整体上看，中国 19 个城市群的生态环境水平指数处于 0.376 ~ 0.787，珠三角城市群尽管生态环境压力指数得分较低，仅为 0.619，排名为第 13 位，但生态环境状态及生态环境响应方面得分较高，分别为 0.886、0.835，分别排第 1 和第 2 名，生态环境水平指数达 0.787，在 19 个城市群中排第 1 名；长三角城市群也是生态环境压力指数得分较低，但生态环境状态及生态环境响应指数得分较高，生态环境水平指数达 0.509，在 19 个城市群中排第 2 名，但是与排在第 1 位的珠三角城市群相差 0.278，差距比较大；山东半岛城市群尽管在生态环境压力、状态方面均排名第 11，但在生态环境响应指数方面得分最高，达到 0.99，生态环境水平为 0.501，排在第 3 位，与排在第 2 位的长三角城市群略有差距；呼包鄂榆城市群、辽中南城市群、长江中游城市群的态环境水平指数分别为 0.376、0.377、0.387，排在了后 3 位。

总体而言，中国 19 个城市群的生态环境处于较低水平，仅 1 个城市群的生态环境水平指数超过 0.7，仅 3 个城市群指数超过 0.5，16 个城市群指数处于 0.370 ~ 0.499，占 84.21%；城市群间生态环境水平的差距也较明显，最高的与最低的城市群间相差约 2 倍，但生态环境水平指数处于 0.5 以下城市群之间的差距不大，生态环境发展水平较为均衡，见表 6 - 5。

表 6 - 5　　　　　中国 19 个城市群生态环境水平指数及排序

地区	城市群	生态环境压力	排序	生态环境状态	排序	生态环境响应	排序	生态环境水平	排序
东部	京津冀	0.540	14	0.275	6	0.751	6	0.454	10
	长三角	0.513	15	0.394	4	0.789	5	0.509	2
	珠三角	0.619	13	0.886	1	0.835	2	0.787	1
	辽中南	0.447	16	0.251	7	0.567	11	0.377	18
	海峡西岸	0.770	9	0.168	12	0.668	9	0.465	9
	山东半岛	0.683	11	0.177	11	0.990	1	0.501	3

续表

地区	城市群	生态环境压力	排序	生态环境状态	排序	生态环境响应	排序	生态环境水平	排序
中部	长江中游	0.694	10	0.103	13	0.554	12	0.387	17
	中原	0.848	6	0.059	17	0.807	4	0.465	8
	山西中部	0.643	12	0.213	8	0.398	19	0.392	16
	哈长	0.867	5	0.195	9	0.601	10	0.498	4
西部	北部湾	0.966	2	0.052	18	0.496	17	0.443	13
	成渝	0.902	3	0.078	16	0.671	8	0.467	6
	黔中	0.969	1	0.046	19	0.549	13	0.451	11
	滇中	0.839	7	0.101	14	0.521	15	0.428	14
	关中平原	0.892	4	0.082	15	0.674	7	0.466	7
	兰西	0.792	8	0.183	10	0.485	18	0.445	12
	宁夏沿黄	0.207	19	0.378	5	0.813	3	0.403	15
	呼包鄂榆	0.209	18	0.444	3	0.504	16	0.376	19
	天山北坡	0.423	17	0.534	2	0.532	14	0.496	5
均值		0.675		0.243		0.642		0.464	

　　从北部湾城市群生态环境水平看，北部湾城市群生态环境水平指数为
0.443，仅排在第 13 位，与生态环境水平指数排在第 1 位的珠三角城市群的
0.787 相比，仅占 56.29%；与 19 个城市群的生态环境水平指数均值 0.464
相比，占均值的 95.47%。北部湾城市群生态环境压力指数为 0.966，排在
第 2 位，生态环境的压力较小，生态环境的承载力较强；生态环境状态和生
态环境响应指数分别为 0.052，0.496，分别排第 18 和第 17 位，均处于较低
的水平，使得其生态环境水平指数仅为 0.443。虽然北部湾城市群生态环境
指数排在第 13 位，但除珠三角城市群生态环境指数接近 0.8 以外，其他
大多数城市群的生态环境指数处于 0.4 ~ 0.5，相互之间的差距比较小，
见表 6 - 5、图 6 - 6。

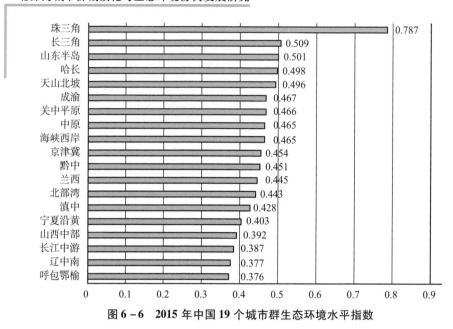

图 6-6　2015 年中国 19 个城市群生态环境水平指数

（二）城市群生态环境压力的特点

从生态环境压力看，中国 19 个城市群生态环境压力指数处于 0.207 ~ 0.969，其中黔中城市群、北部湾城市群、成渝城市群 3 个城市群的生态环境压力指数排在前 3 位，分别为 0.969、0.966、0.902；宁夏沿黄城市群、呼包鄂榆城市群、天山北坡城市群 3 个城市群的生态环境压力指数在后 3 位，分别为 0.207、0.209、0.423。

北部湾城市群在 19 个城市群中，生态环境压力指数为 0.966，仅次于黔中城市群的 0.969，且非常接近，是生态环境压力指数平均值 0.675 的 1.43 倍，说明北部湾城市群的生态环境压力相对很小，生态环境具有较强的承载力，对城镇化的发展具有较强的支撑作用。主要体现在北部湾城市群在人均工业废水排放量、人均工业二氧化硫排放量、人均工业烟（粉）尘排放量 3 个衡量生态环境压力的指标中均处于较低的水平，说明城镇化发展过程中对生态环境的污染处于较低的水平，见表 6-5、图 6-7。

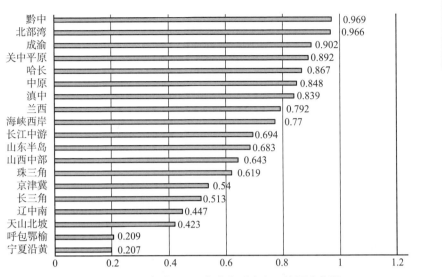

图 6 – 7 2015 年中国 19 个城市群生态环境压力指数

(三) 城市群生态环境状态的特点

从生态环境状态水平看,中国 19 个城市群生态环境状态指数处于 0.046 ~ 0.886,其中珠三角城市群、天山北坡城市群、呼包鄂榆城市群 3 个城市群的生态环境状态指数排在前 3 位,分别为 0.886、0.534、0.444;黔中城市群、北部湾城市群、中原城市群 3 个城市群的生态环境状态指数在后 3 位,分别为 0.046、0.052、0.059。

北部湾城市群在 19 个城市群中,生态环境状态指数为 0.052,排名倒数第 2 位,仅略高于黔中城市群的 0.046,仅是生态环境状态指数平均值 0.243 的 21.4%,仅是珠三角城市群生态环境状态指数最大值 0.886 的 5.87%,说明北部湾城市群的生态环境状态水平相对很低。主要体现在北部湾城市群在市区人均供水量、人均公园绿地面积、建成区绿化覆盖率 3 个衡量生态环境状态的指标中均处于较低的水平,说明城镇化过程中的生态环境建设处于低水平,见表 6 – 5、图 6 – 8。

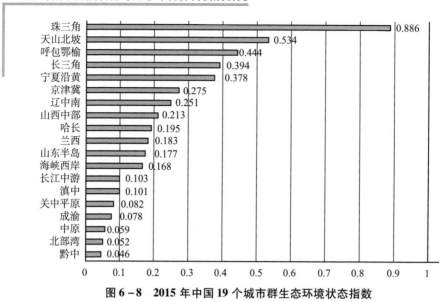

图 6 – 8　2015 年中国 19 个城市群生态环境状态指数

（四）城市群生态环境响应的特点

从生态环境响应水平看，中国 19 个城市群生态环境响应指数处于
0.398 ~ 0.99，其中山东半岛城市群、珠三角城市群、宁夏沿黄城市群 3 个
城市群的生态环境响应指数排在前 3 位，分别为 0.99、0.835、0.813；山
西中部城市群、兰西城市群、北部湾城市群 3 个城市群的生态环境响应指数
在后 3 位，分别为 0.398、0.485、0.496。

北部湾城市群在 19 个城市群中，生态环境响应指数为 0.496，排名倒
数第 3 位，仅略高于山西中部城市群和兰西城市群，仅是生态环境响应指数
平均值 0.642 的 77.26%，仅是山东半岛城市群生态环境响应指数最大值
0.99 的 50.1%，说明北部湾城市群的生态环境响应水平相对较低。主要体
现在于北部湾城市群在一般工业固体废物综合利用率、污水处理厂集中处
理率、生活垃圾无害化处理率 3 个衡量生态环境响应的指标中均处于较低
的水平，说明城镇化过程中的生态环境建设和保护处于较低的水平，见表
6 – 5、图 6 – 9。

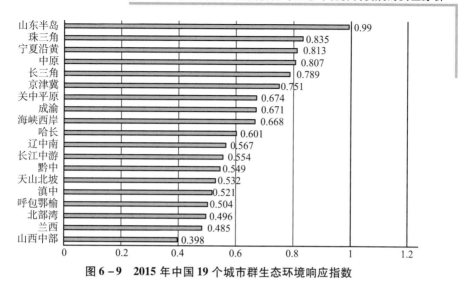

图6-9　2015年中国19个城市群生态环境响应指数

六、北部湾城市群城镇化与生态环境耦合关系的实证分析

（一）耦合度模型

耦合是物理学中的一个概念，是两个或两个以上系统通过相互作用，而彼此影响的现象。当系统间或系统内部要素之间相互协调、相互促进时，为良性耦合；反之，为不良耦合。耦合度是系统各要素间的相互影响、相互依赖程度的度量值。

从协同学的角度看，耦合作用及其协调程度决定了系统在达到临界区域时走向何种序与结构，即决定了系统由无序走向有序的趋势。系统在相变点处的内部变量可分为快、慢弛豫变量两类，慢弛豫变量是决定系统相变进程的根本变量，即系统的序参量。系统由无序走向有序机理的关键不在于系统现状的平衡或不平衡，也不在于系统距平衡态多远，在于系统内部序参量之间的协同作用，它左右着系统相变的特征与规律，耦合度正是反映这种协同作用的度量。[1]

---

① 吴跃明，张子珩，郎东锋. 新型环境经济协调度预测模型及应用 [J]. 南京大学学报，1996 (7)：466-473.

根据现有的与耦合度相关的研究成果，多数学者采用的是物理学中耦合系数模型，建立多个系统间相互作用的耦合度模型，即：

$$C_n = \{ (U_1 \times U_2 \times \cdots \times U_n) / [\prod (U_i + U_j)] \}^{1/n} \qquad (6-6)$$

城镇化与生态环境是关联性很强的两大系统，彼此既相互作用又相互制约，系统间的耦合关系存在较大的相似性，耦合度模型也被广泛应用于衡量城镇化与生态环境的交互关系，即：

$$C = \{ (U_1 \cdot U_2) / [(U_1 + U_2) \times (U_1 + U_2)] \}^{1/2} \qquad (6-7)$$

其中，C 为耦合度，U_1，U_2 分别为城镇化及生态环境的发展水平指数，由模型可知，$0 \leqslant C \leqslant 1$，耦合度越大，则表示协调状态越佳；反之，耦合度越小，表示协调状态越差。根据耦合度大小，可以将城镇化与生态环境的关系分为以下发展阶段，见表 6-6。[①]

表 6-6　　　　　　　　　城镇化与生态环境各耦合阶段关系特征

耦合度范围	发展阶段	发展特点
$0 \leqslant C \leqslant 0.3$	低水平耦合	城镇化发展水平低，生态环境承载力高，城镇化对环境破坏程度不大，生态环境完全能够承载和消化城镇化所带来的后果
$0.3 < C \leqslant 0.5$	拮抗阶段	城镇化快速发展，急需大量的资金、资源和人口转移为支撑，生态环境逐渐被破坏，承载力下降，不能完全消化和吸纳城镇化发展带来的影响
$0.5 < C \leqslant 0.8$	磨合阶段	城镇化继续发展，由于受到前期生态环境破坏的制约，人们生态环境保护意识提高，生态环境破坏逐渐修复，城镇化与生态环境开始进入良性耦合阶段
$0.8 < C \leqslant 1$	高水平耦合	城镇化水平不仅在量方面得到很大发展，质的方面也明显提高，生态城镇化和城镇生态化已经成为人们生活的基本目标。城镇化与生态环境良好互动、协调发展，达到高水平耦合。当然，由于政策及突变因素影响，城镇化与生态环境有可能退化到以前的耦合阶段

---

① 雷梅，靳永翥. 贵州少数民族地区城镇化与生态环境耦合关系评价——以 46 个市县为例 [J]. 贵州民族研究，2016（10）：66-71.

（二）协调发展度模型

耦合度作为反映城镇化与生态环境耦合程度的重要指标，它对判别城镇化与生态环境耦合作用的强度，预警二者发展的秩序等具有重要的意义。

然而，耦合度在某些情况下却很难反映出城镇化与生态环境建设的整体"功效"与"协同"效应，单纯依靠耦合度判别有可能会产生误导。[①] 当城镇化与生态环境2个系统均处于较低的发展水平时，可能会得到城镇化与生态环境协调发展度较高的结果，与实际发展情况不符。为此，可运用协调发展度模型测算城镇化与生态环境的协调发展程度，即：

$$H = \sqrt{C \cdot I} \qquad (6-8)$$

其中，H 为协调发展度，C 为耦合度，I 为城镇化与生态环境发展的综合评价指数，$I = aU_1 + bU_2$，a，b 为权数，分别表示城镇化与生态环境的贡献份额。考虑到城镇化与生态环境的同等重要程度，确定权数 a，b 均取值0.5。由模型可知，I 的取值也在 [0，1] 范围内。

按照协调发展度 H 的大小，城镇化与生态环境发展指数的比较，将城镇化与生态环境的耦合协调类型分为极度协调耦合、高度协调耦合、中度协调耦合、低度协调耦合4种类型，4种类型中又可以分为12个子类型，见表6-7。[②]

表6-7 城镇化与生态环境耦合协调发展类型

协调发展度区间	协调发展类型	城镇化与生态环境发展水平比较	协调发展子类型
0.8 < H ≤ 1	极度协调耦合	$U_1 - U_2 > 0.1$	极度协调耦合 – 生态环境滞后
		$U_2 - U_1 > 0.1$	极度协调耦合 – 城镇化滞后
		$0 \leq \mid U_1 - U_2 \mid \leq 0.1$	极度协调耦合

① 刘耀彬，李仁东，宋学锋. 中国城市化与生态环境耦合度分析 [J]. 自然资源学报，2005（1）：105 – 112.

② Li Y F, Li Y, Zhou Y, Shi Y L, etc. Ivnetstingatio of a coupling model of coordination between urbanization and the environment. Journal of enmironmental management，2012，98：127 – 133.

协调发展度区间	协调发展类型	城镇化与生态环境 发展水平比较	协调发展子类型
0.5 < H ≤ 0.8	高度协调耦合	$U_1 - U_2 > 0.1$	高度协调耦合 – 生态环境滞后
		$U_2 - U_1 > 0.1$	高度协调耦合 – 城镇化滞后
		$0 \leq |U_1 - U_2| \leq 0.1$	高度协调耦合
0.4 < H ≤ 0.5	中度协调耦合	$U_1 - U_2 > 0.1$	中度协调耦合 – 生态环境滞后
		$U_2 - U_1 > 0.1$	中度协调耦合 – 城镇化滞后
		$0 \leq |U_1 - U_2| \leq 0.1$	中度协调耦合
0 < H ≤ 0.4	低度协调耦合	$U_1 - U_2 > 0.1$	低度协调耦合 – 生态环境受阻
		$U_2 - U_1 > 0.1$	低度协调耦合 – 城镇化受阻
		$0 \leq |U_1 - U_2| \leq 0.1$	低度协调耦合

（三）19 个城市群城镇化与生态环境交互耦合关系的特征

分别运用公式（6-7）和公式（6-8），计算 2015 年中国 19 个城市群城镇化与生态环境的耦合度及协调发展度，并对照相关的耦合协调发展类型，结果见表 6-8。19 个城市群城镇化与生态环境的耦合度介于 0.347~0.500 之间，全部处于耦合发展的拮抗阶段，此时城镇化快速发展，仍然需要大量的资源、能源、资金为支撑，生态环境逐渐被破坏，承载能力下降；其中 10 个城市群的耦合度超过了 4.9，说明一半以上的城市群已经偏向了城镇化与生态环境良性耦合的磨合阶段。但从整体上看，19 个城市群的城镇化与生态环境耦合度依然处于较低的水平，离良好的耦合阶段还有一定差距，远没有达到高水平的耦合阶段。

表 6-8　2015 年中国 19 个城市群城镇化与生态环境耦合协调发展类型

地区	城市群	耦合度	协调发展度	协调发展类型
东部	京津冀	0.498	0.496	中度协调耦合
	长三角	0.493	0.547	高度协调耦合 – 生态环境滞后
	珠三角	0.499	0.611	高度协调耦合
	辽中南	0.491	0.477	中度协调耦合 – 生态环境滞后
	海峡西岸	0.474	0.408	中度协调耦合 – 城镇化滞后
	山东半岛	0.495	0.466	中度协调耦合 – 城镇化滞后

续表

地区	城市群	耦合度	协调发展度	协调发展类型
中部	长江中游	0.497	0.416	中度协调耦合
	中原	0.472	0.407	中度协调耦合 – 城镇化滞后
	山西中部	0.500	0.437	中度协调耦合
	哈长	0.485	0.441	中度协调耦合 – 城镇化滞后
西部	北部湾	0.417	0.345	低度协调耦合 – 城镇化受阻
	成渝	0.466	0.400	低度协调耦合 – 城镇化受阻
	黔中	0.347	0.302	低度协调耦合 – 城镇化受阻
	滇中	0.489	0.416	中度协调耦合 – 城镇化滞后
	关中平原	0.496	0.454	中度协调耦合
	兰西	0.487	0.420	中度协调耦合 – 城镇化滞后
	宁夏沿黄	0.497	0.427	中度协调耦合
	呼包鄂榆	0.484	0.494	中度协调耦合 – 生态环境滞后
	天山北坡	0.497	0.526	高度协调耦合 – 生态环境滞后
均值		0.478	0.447	

从协调发展度及对应的协调发展类型看，19 个城市群城镇化与生态环境的协调发展度介于 0.302～0.611 之间，3 个城市群达到高度协调耦合，占 15.79%，13 个城市群为中度协调耦合，占 68.42%，3 个城市群为低度协调耦合，占 15.79%，没有城市群达到极度协调耦合。

第一，高度协调耦合类型方面，珠三角城市群城镇化与生态环境发展水平差距小于 0.1，达到高度协调耦合，是 19 个城市群中城镇化与生态环境协调发展最好的城市群。长三角城市群虽然也属于高度协调耦合类型，但生态环境发展均滞后于城镇化发展，在以后的城镇化进程中应更加重视生态环境的保护与建设。天山北坡城市群城镇化与生态环境均达到了较高的发展水平，在 19 个城市群中排前 5 名，虽然生态环境发展相对滞后，也属于高度协调耦合类型。可能的原因在于城镇化及生态环境发展水平的评价大多选用了人均指标，天山北坡城市群人口规模相对小，2015 年末人口仅 525 万人，尽管总量指标值不高，但人均指标值较高。事实上，天山北坡城市群整体经济实力仍处于较低的水平，今后既要加快城镇化的发展，也要注重生态环境的保护。

综合上述，东部地区城市群占了3个高度协调耦合类型中的2个，说明东部地区城市群城镇化及生态环境均达到了比较成熟的发展阶段，两者的协调耦合发展处于相对较高的水平。

第二，中度协调耦合类型方面，京津冀、长江中游、山西中部、关中平原、宁夏沿黄5个城市群城镇化及生态环境发展水平差距小于0.1，发展较为均衡，达到中度协调耦合，今后的发展中要保持这样的均衡发展，争取达到更高水平的协调耦合类型。海峡西岸、山东半岛、中原、哈长、滇中、兰西6个城市群城镇化与生态环境为中度协调耦合–城镇化滞后型，城镇化的发展还有较大的提升空间，在今后的发展中应在生态环境的承载力范围内，加快推进城镇化进程，提高城镇化发展水平。辽中南和呼包鄂榆城市群城镇化与生态环境为中度协调耦合–生态环境滞后型，城镇化的发展超出了生态环境的承载能力，今后的发展中应更加注重生态环境的保护与修复。

第三，低度协调耦合类型方面，北部湾、成渝、黔中3个城市群城镇化与生态环境属于低度协调耦合–城镇化受阻类型，3个城市群的城镇化发展水平在19个城市群中排名最后3位，处于最低的水平，城镇化的发展对生态环境没有造成太大的影响，远未达到生态环境的承载能力极限。在今后的发展中，最主要的任务是利用好生态环境的优势，加快城镇化发展进程，缩小与其他地区的差距，提高城镇化与生态环境的协调发展水平。

（四）北部湾城市群城镇化与生态环境耦合关系的特点

根据耦合度的定义，若一个城市群的城镇化水平与生态环境水平均较低且二者分值相近，则相应的耦合度数值也很高；若耦合度水平较低，则表示城镇化或生态环境中的某一个方面发展相对良好或滞后，从耦合度能判断出城市群的城镇化与生态环境之间的分值差距。通过耦合度的计算，2015年，北部湾城市群城镇化与生态环境的耦合度为 0.417，在 19 个城市群中排名倒数第 2 位，仅略高于黔中城市群的 0.347，处于较低的水平。根据前面的计算，2015 年北部湾城市群城镇化发展水平指数和生态环境发展水平指数分别为 0.128 和 0.443。由此可以看出，北部湾城市群城镇化的发展滞后于与生态环境的发展，两者的耦合程度也较低，见图 6－10。

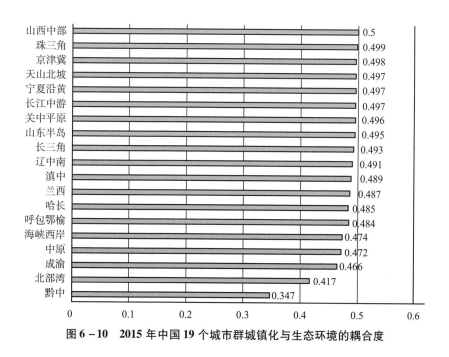

图 6－10　2015 年中国 19 个城市群城镇化与生态环境的耦合度

根据协调发展度的定义，协调发展度能够克服耦合度不能体现出城镇化与生态环境发展是否协调的缺陷，能更好地体现二者的协调发展关系。2015年，北部湾城市群城镇化与生态环境的协调发展度为 0.345，在 19 个城市群中排名倒数第 2 位，仅略高于黔中城市群的 0.302，与协调发展度最高的珠三角城市群的 0.611 相比，存在较大的差距，相差达 0.266；与 19个城市群城镇化与生态环境协调发展度的均值 0.447 相比，也存在一定的差距，说明北部湾城市群城镇化与生态环境的协调发展度处于较低的水平，见图 6－11。

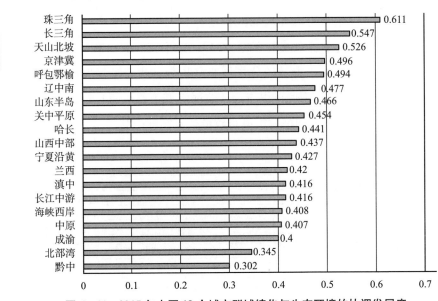

图 6-11　2015 年中国 19 个城市群城镇化与生态环境的协调发展度

综合以上分析，北部湾城市群城镇化与生态环境协调发展处于较低的水平，属于低度协调耦合——城镇化受阻的类型。城镇化的发展仍然处于较低的水平，依然处于生态环境的承载能力范围内，城镇化的发展相对滞后，对生态环境并没有造成大的影响。在今后的发展中，重点是要发挥好生态环境承载力大的优势，加快城镇化发展步伐，进一步缩小与发达地区的差距，提高城镇化与生态环境的协调发展水平。

第二节

北部湾城市群城镇化与生态环境压力的纵向对比分析

一、北部湾城市群城镇化及生态环境压力评价指标体系的构建

（一）评价指标体系

对北部湾城市群各个城市城镇化水平与生态环境压力进行评价，需要

建立一个良好的评价指标体系。为此，指标的正确选取是评价和分析城镇化水平与生态环境压力状况的基础。在指标选取的过程中应遵循以下几点原则：①

第一，科学性原则。指标体系的建立应以城镇化与生态环境协调分析为依据，在对北部湾城市群各个城市的合理的调查和分析的基础上，各指标应有可靠、明确的数据来源，有准确的定义和清晰的理论依据，易于被使用者理解和接受，并易于量化比较。

第二，典型性原则。城镇化与生态环境压力的评价指标必须能够充分反映北部湾城市群各个城市城镇化和生态环境现状、特点及其变化发展趋势。由于区域发展状况的不同，应保证所选取的指标具有该区域代表性。

第三，可比性原则。研究基于北部湾城市群不同的城市之间和同一个城市在不同时期的对比，为了使这种对比更为客观和直接地反映发展的实际情况。因此，所选取的指标应具有可对比性。对于口径不一致的指标，可转换的应适当转换，不可转换的应当舍弃。

第四，可获得性原则。北部湾城市群不同城市所重视和统计的指标不尽相同，且可能随年份的变化而改变，应选择易搜集获得且通用的数据。

按照上述选取指标的科学性、典型性、可比性和可获得性原则，结合现有统计体系和统计数据，从人口城镇化、经济城镇化、空间城镇化、社会城镇化四个方面，选取 11 项指标构建城镇化评价指标体系以计算城镇化指数。其值越大，表示城镇化水平越高，反之，城镇化水平越低。因此，从指标属性看，所有指标均为正指标。

根据前文所述的 PSR 模型，再从环境压力、环境状态、环境响应三个方面，选取 8 项指标构建生态环境压力评价指标体系，以计算北部湾城市群各个城市生态环境压力指数。生态环境压力指数主要反映城镇化进程对生态环境的支撑状态及影响，其值越大，表示城镇化对生态环境的压力越大，反

---

① 卢虹虹. 长江三角洲城市群城市化与生态环境协调发展比较研究 ［D］. 上海：复旦大学，2012：4－25.

之，其值越小，表示城镇化对生态环境的压力越小。因此，从指标的属性看，人均工业烟（粉）尘排放量、人均工业废水排放量、人均工业二氧化硫排放量3项指标为正指标，其余为逆指标，见表6-9。

表6-9   城镇化及生态环境压力评价指标体系

目标层	准则层	指标层	指标属性
城镇化	人口城镇化	X1 城镇人口比重（%）	正指标
		X2 人口密度（人/平方公里）	正指标
	经济城镇化	X3 人均GDP（元）	正指标
		X4 第三产业占GDP比重（%）	正指标
		X5 人均固定资产投资总额（元）	正指标
	空间城镇化	X6 城市建成区面积占土地面积比重（%）	正指标
		X7 城市建设用地面积占土地面积比重（%）	正指标
		X8 人均城市道路面积（平方米）	正指标
	社会城镇化	X9 城镇居民人均可支配收入（元）	正指标
		X10 人均社会消费品零售总额（元）	正指标
		X11 每万人医院、卫生院床位数（张）	正指标
生态环境	生态环境压力	Y1 人均工业烟（粉）尘排放量（吨）	正指标
		Y2 人均工业废水排放量（吨）	正指标
		Y3 人均工业二氧化硫排放量（吨）	正指标
	生态环境状态	Y4 建成区绿化覆盖率（%）	逆指标
		Y5 人均公园绿地面积（平方米）	逆指标
	生态环境响应	Y6 一般工业固体废物综合利用率（%）	逆指标
		Y7 污水处理厂集中处理率（%）	逆指标
		Y8 生活垃圾无害化处理率（%）	逆指标

（二）数据来源及说明

本研究所选取的时间序列为2011~2015年，为保证指标数据的权威性和可信度，指标数据原始值均采集于2012~2016年的《中国城市统计年鉴》《广西统计年鉴》《广东统计年鉴》《海南统计年鉴》及相关城市当年的国民经济和社会发展统计公报，或再经过计算所得。对于海南省儋州市、东方市、澄迈县、临高县、昌江黎族自治县部分年份采集不到的一般工业固体废物综合利用率、污水处理厂集中处理率、生活垃圾无害化处理率等少数指标的数据，则用海南省相应指标的均值代替。

二、北部湾城市群城镇化发展水平指数及生态环境压力指数的计算方法

（一）一般的 TOPSIS 分析法

TOPSIS（Technique for Order Preference by Similarity to Ideal Solution），即逼近于理想值的排序方法，最早由 H. wang. C. L 和 Yoon，K. S. 于 1981 年首次提出，是一种常用的多目标决策方法。[1] 一般 TOPSIS 法的步骤如下：[2]

第一，设有 m 个评价对象，n 个评价指标，第 i 个对象的第 j 个指标值为 x_{ij}，构成初始矩阵 $X = (x_{ij})_{m \times n}$；

第二，利用公式 $x' = x_{ij} / \sqrt{\sum_{k=1}^{n} x_{ij}^2}$ 对指标 x_{ij} 进行标准化处理，得标准化矩阵 $Y = (x'_{ij})_{m \times n}$；

第三，确定 n 个评介指标的权重 w_j，得到指标权重向量 $W = (w_1, w_2, \cdots, w_n)^T$，并计算加权判断矩阵 $Z = YW = (r_{ij})_{m \times n}$；

第四，根据加权判断矩阵得出理想解，正理想解 $r_j^+ = \begin{cases} \max(r_{ij})，r_{ij} \in r^+ \\ \min(r_{ij})，r_{ij} \in r^- \end{cases}$，

---

① H. Wang. C. L，Yoon，K. S. Multiple Attribute Decision Making［M］. Spring-verlag，Berlin，1981.

② 尤天慧，樊治平. 区间数多指标决策的一种 TOPSIS 方法［J］. 东北大学学报（自然科学版），2002（9）：840－843.

负理想解 $r_j^- = \begin{cases} \min(r_{ij}), & r_{ij} \in r^+ \\ \max(r_{ij}), & r_{ij} \in r^- \end{cases}$ ，其中，r^+ 为正指标集，r^- 为逆指标集；

第五，计算各评价对象目标值与理想解的欧氏距离 s_i^+ 和 s_i^-：

$$s_i^+ = \sqrt{\sum_{j=i}^{n}(r_{ij} - r_j^+)^2} \qquad (6-9)$$

$$s_i^- = \sqrt{\sum_{j=i}^{n}(r_{ij} - r_j^-)^2} \qquad (6-10)$$

第六，计算各评价对象的相对贴近度 C_i：

$$C_i = s_i^- / (s_i^- + s_i^+) \qquad (6-11)$$

第七，根据相对贴近度的大小对各对象进行排序，相对贴近度越大，评价对象越优。

（二）改进的 TOPSIS 分析法

从计算步骤可知，一般的 TOPSIS 分析法有以下缺陷：[①]

一是计算标准化矩阵时比较复杂，不易求出正理想解和负理想解；二是各指标的权重需事先确定，通常是主观赋值，具有一定随意性；三是当某两个评价对象关于正理想解和负理想解连线对称时，由于理想解相等，无法比较这两个对象的优劣。

为克服一般 TOPSIS 分析法缺陷，采用改进的 TOPSIS 分析法对北部湾城市群城镇化水平及生态环境压力进行评价。具体步骤如下：[②]

（1）设有 m 个城市，n 个评价指标，第 i 个城市的第 j 个指标值为 x_{ij}，构成初始矩阵 $X = (x_{ij})_{m \times n}$；

（2）对指标进行标准化处理，得到标准化矩阵 $R = (r_{ij})_{m \times n}$，对于正指标：$r_{ij} = (x_{ij} - x_j^{\min}) / (x_j^{\max} - x_j^{\min})$，对于逆指标：$r_{ij} = (x_j^{\max} - x_{ij}) / (x_j^{\max} - x_j^{\min})$，这时，正理想解 $r_j^+ = (1, 1, \cdots, 1)$，负理想解 $r_j^- = (0, 0, \cdots, 0)$；

---

① 卢方元. 一种改进的 TOPSIS 法 [J]. 统计与决策 2013 (3)：78 – 79.

② 尤天慧，樊治平. 区间数多指标决策的一种 TOPSIS 方法 [J]. 东北大学学报（自然科学版），2002 (9)：840 – 843.

（3）为避免指标权重的主观随意性，采用以下方法确定指标的权重：设指标 r_1，r_2，$\cdots$，r_n 的权重分别为 w_1，w_2，$\cdots$，w_n，各城市到正理想解和负理想解的加权距离平方和为：

$$d_i(w) = d_i(w_1, w_2, \cdots, w_n) = \sum_{j=1}^{n} w_j^2(1-r_{ij})^2 + \sum_{j=1}^{n} w_j^2 r_{ij}^2 \quad (6-12)$$

在距离意义下，$d_i(w)$ 越小越好，由此建立多目标规划模型：

$$\min d(w) = (d_1(w), d_2(w), \cdots, d_m(w)) \quad (6-13)$$

其中，$\sum_{j=1}^{n} w_j = 1$，$w_j \geq 0$，$j=1, 2, \cdots, n$，由于 $d_i(w) \geq 0$，$i=1, 2, \cdots, n$，上述多目标规划模型可转化为单目标规划模型：

$$\min d(w) = \sum_{j=1}^{m} d_i(w) \quad (6-14)$$

其中，$\sum_{j=1}^{n} w_j = 1$，$w_j \geq 0$，$j=1, 2, \cdots, n$，构建拉格朗日函数：

$$L(w, \lambda) = \sum_{i=1}^{m} \sum_{j=1}^{n} w^2[(1-r_{ij})^2 + r_{ij}^2] - \lambda(1 - \sum_{j=1}^{n} w_j) \quad (6-15)$$

令 $\dfrac{\partial L}{\partial w_j} = 2\sum_{i=1}^{m} w_j[(1-r_{ij})^2 + r_{ij}^2] - \lambda = 0$，$\dfrac{\partial L}{\partial \lambda} = 1 - \sum_{i=1}^{n} w_j = 0$

解得 $$w_j = u_j / \sum_{i=1}^{n} u_j \quad (6-16)$$

其中，$u_j = 1/\sum_{i=1}^{m}[(1-r_{ij})^2 + r_{ij}^2]$。至此，可计算出北部湾城市群城镇化水平及生态环境压力相应评价指标的权重；

（4）计算各城市到正理想解和负理想解的加权距离 s_i^+、s_i^-：

$$s_i^+ = \sqrt{\sum_{j=1}^{n} w_j^2(r_{ij}-1)^2} \quad (6-17)$$

$$s_i^- = \sqrt{\sum_{j=1}^{n} w^2(r_{ij}-0)^2} \quad (6-18)$$

（5）计算各城市到理想解的贴近度 C_i：

$$C_i = s_i^- / (s_i^- + s_i^+) \quad (6-19)$$

其中，$C_i \in [0, 1]$。

最后，根据贴近度的大小，可以对北部湾城市群城镇化水平及生态环境压力进行比较。

三、北部湾城市群城镇化发展水平评价

(一) 城镇化水平总体情况评价

根据改进的 TOPSIS 分析法的计算步骤，计算北部湾城市群 15 个城市 2011～2015 年的城镇化水平指数。整体上看，北部湾城市群 15 个城市的城镇化水平整体偏低，2011～2015 年，各城市城镇化水平指数介于 0.0953 与 0.8181 之间，2015 年海口市达到最大值 0.8181，2011 年临高县为最小值 0.0953；从 2015 年看，仅海口市的城镇化水平指数在 0.8 以上，达到 0.8181，其他 14 个城市的城镇化指数均小于 0.6，15 个城市的城镇化水平指数均值仅为 0.4432；各城市城镇化发展指数之间的差距也比较大，2015 年，城镇化水平指数最高的海口市的 0.8181 是最低的临高县 0.2645 的 3.09 倍，见表 6-10。

表 6-10　　北部湾城市群 15 个城市 2011～2015 年城镇化水平指数

序号	城市	2011 年	2012 年	2013 年	2014 年	2015 年
1	南宁市	0.3505	0.4221	0.4830	0.5486	0.5767
2	北海市	0.3002	0.3537	0.3861	0.5285	0.5567
3	防城港市	0.3358	0.3747	0.4057	0.5224	0.5396
4	钦州市	0.2332	0.2753	0.2931	0.3963	0.4160
5	玉林市	0.1811	0.2347	0.2680	0.3664	0.3834
6	崇左市	0.1257	0.1695	0.1944	0.2634	0.3203
7	湛江市	0.2501	0.2630	0.2894	0.3360	0.3751
8	茂名市	0.2374	0.2532	0.2947	0.3460	0.3781
9	阳江市	0.2778	0.2962	0.3598	0.4017	0.4354
10	海口市	0.5452	0.6063	0.6751	0.7612	0.8181

序号	城市	2011 年	2012 年	2013 年	2014 年	2015 年
11	儋州市	0.1692	0.2155	0.2513	0.3826	0.4166
12	东方市	0.2150	0.2288	0.2564	0.3444	0.3492
13	澄迈县	0.1445	0.2164	0.2677	0.3917	0.4126
14	临高县	0.0953	0.1184	0.1605	0.2394	0.2645
15	昌江黎族自治县	0.2238	0.2628	0.2948	0.4064	0.3923

（二）城镇化水平增长趋势评价

从北部湾城市群 15 个城市城镇化整体发展趋势看，2011 ~ 2015 年，北部湾城市群 15 个城市城镇化呈现不断增长的趋势，城镇化指数均值由 2011 年的 0.2457 增长到了 2015 年的 0.4423，增长了 80.05%，实现了较大幅度的增长，城镇化水平不断提高，见图 6 - 12。

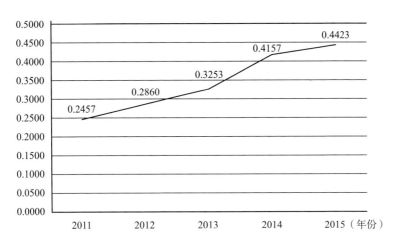

图 6 - 12　2011 ~ 2015 年北部湾城市群 15 个城市城镇化指数均值

从各城市城镇化水平增长趋势看，2011 ~ 2015 年，北部湾城市群 15 个城市的城镇化水平指数基本上呈现逐年增长的趋势，城镇化水平实现了较大幅度的增长，2015 年比 2011 年增长的幅度基本上超过了 50%，5 个城市增长的幅度超过了100%，占1/3；澄迈县、临高县、崇左市3个城市的城镇化指数增长幅度最大，2015年比2011年分别增长了185.54%、177.54%、154.81%；湛江市、海口市、阳江市3个城市的城镇化指数增长幅度最小，2015年比2011年分别增长了49.98%、50.06%、56.73%，见图6-13、图6-14。

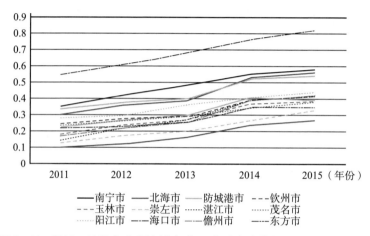

图 6-13　2011~2015 年北部湾城市群 15 个城市城镇化水平指数增长情况

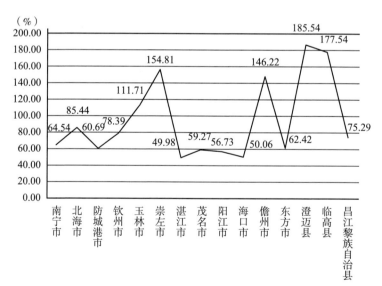

图 6-14　北部湾城市群 15 个城市城镇化水平指数 2015 年比 2011 年增长幅度情况

（三）城镇化水平空间分布情况评价

从城镇化水平的空间分布看，2015 年，北部湾城市群 15 个城市城镇化水平指数介于 0.2645 ~ 0.8181 之间，其中城镇化水平最高的 3 个城市是海口市、南宁市、北海市，城镇化指数分别为 0.8181、0.5767、0.5567；城镇化水平最低的 3 个城市是临高县、崇左市、东方市，城镇化指数分别为 0.2645、0.3203、0.3492，见图 6 – 15。

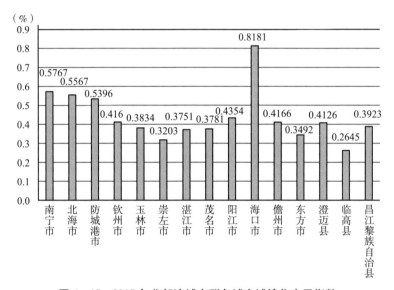

图 6 – 15　2015 年北部湾城市群各城市城镇化水平指数

按照 2015 年城镇化水平高低进行分类，可以将北部湾城市群 15 个城市分为 5 个梯队，其中城镇化水平指数在 0.6 以上的仅有海口一个城市，占城市总数的 6.67%；城镇化水平指数介于 0.5 和 0.6 之间的有南宁市、北海市、防城港市 3 个城市，占城市总数的 20%；城镇化水平指数介于 0.4 和 0.5 之间的有阳江市、儋州市、钦州市、澄迈县 4 个城市，占城市总数的 26.67%；城镇化水平指数介于 0.3 和 0.4 之间的有昌江黎族自治县、玉林市、茂名市等 6 个城市，占城市总数的 40%；城镇化水平指数低于 0.3 的仅临高县一个城市，占城市总数的 6.67%，见表 6 – 11。

表 6 - 11　北部湾城市群 15 个城市按 2015 年城镇化水平指数分类情况

序号	城镇化水平指数范围	包含城市	城市个数	比例（%）
1	0.6 以上	海口市	1	6.67
2	0.5～0.6	南宁市、北海市、防城港市	3	20.00
3	0.4～0.5	阳江市、儋州市、钦州市、澄迈县	4	26.67
4	0.3～0.4	昌江黎族自治县、玉林市、茂名市、湛江市、东方市、崇左市	6	40.00
5	0.3 以下	临高县	1	6.67

从北部湾城市群每个城市 2011～2015 年城镇化水平指数的均值看，15 个城市城镇化水平指数均值介于 0.1756 和 0.6812 之间，其中海口市、南宁市、防城港市 3 个城市的城镇化水平指数均值最高，分别达到 0.6812、0.4762、0.4356；临高县、崇左市、东方市 3 个城市的城镇化水平指数均值最低，分别为 0.1756、0.2147、0.2788，见图 6 - 16。

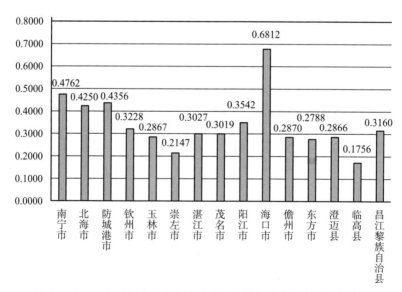

图 6 - 16　2011～2015 年北部湾城市群各城市城镇化水平指数均值

四、北部湾城市群生态环境压力发展评价

（一）城市群生态环境压力总体情况评价

根据改进的 TOPSIS 分析法的计算步骤，计算北部湾城市群 15 个城市 2011～2015 年的生态环境压力指数，见表 6－12。整体上看，北部湾城市群 15 个城市的生态环境压力比较低，2011～2015 年，各城市的生态环境压力指数介于 0.1404 于 0.6151 之间，2011 年防城港市达到最大的 0.6151，2014 年海口市为最小值 0.1404；从 2015 年看，仅防城港市的生态环境压力指数在 0.5 以上，达到 0.5325，其他 14 个城市的生态环境压力指数均小于 0.5，15 个城市的生态环境压力指数均值仅为 0.3194。北部湾城市群各城市间生态环境压力表现出较大的差距，2015 年，防城港市生态环境压力指数为最大值 0.5325，海口市为最小值 0.1543，两者之比达 3.45，见表 6－12。

表 6－12　　2011～2015 年北部湾城市群 15 个城市生态环境压力指数

序号	城市	2011 年	2012 年	2013 年	2014 年	2015 年
1	南宁市	0.2540	0.2566	0.2467	0.1912	0.2115
2	北海市	0.4019	0.3197	0.2618	0.2666	0.2517
3	防城港市	0.6151	0.5399	0.5022	0.5698	0.5325
4	钦州市	0.4206	0.4148	0.3987	0.3947	0.3220
5	玉林市	0.3447	0.2597	0.2838	0.2691	0.2617
6	崇左市	0.5722	0.5446	0.4853	0.4122	0.3571
7	湛江市	0.2718	0.3368	0.3032	0.1910	0.2263
8	茂名市	0.3634	0.3410	0.3150	0.2966	0.3032
9	阳江市	0.3435	0.1827	0.2739	0.3159	0.2543
10	海口市	0.1644	0.1771	0.1488	0.1404	0.1543
11	儋州市	0.3403	0.3443	0.3310	0.3569	0.2922

续表

序号	城市	2011 年	2012 年	2013 年	2014 年	2015 年
12	东方市	0.4342	0.3628	0.3013	0.3470	0.2836
13	澄迈县	0.5439	0.5193	0.4791	0.4854	0.4244
14	临高县	0.5412	0.4860	0.4572	0.4844	0.4553
15	昌江黎族自治县	0.4975	0.4264	0.4342	0.5216	0.4607

（二）城市群生态环境压力发展趋势评价

从北部湾城市群 15 个城市生态环境压力整体发展趋势看，2011～2015 年，北部湾城市群 15 个城市生态环境压力指数的均值除 2014 年略有上升外，大体上呈现不断下降的趋势，由 2011 年的 0.4072 下降到了 2015 年的 0.3194，下降了 20.81%，生态环境压力实现了较大幅度的下降，见图 6 – 17。

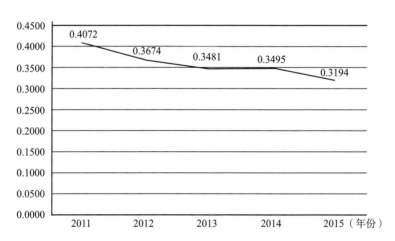

图 6 – 17　2011～2015 年北部湾城市群 15 个城市生态环境压力指数均值

从各城市生态环境压力发展趋势看，2011～2015 年，北部湾 15 个城市的生态环境压力指数均有较大幅度的下降，其中 2015 年比 2011 年下降幅度最大的三个城市分别是崇左市、北海市、东方市，分别下降了 37.59%、37.37%、34.68%；下降幅度最小的三个城市分别是海口市、昌江黎族自治县、防城港市，分别下降了 6.14%、7.4%、13.43%，见图 6–18。

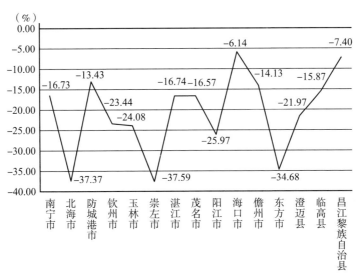

图 6–18 北部湾城市群 15 个城市生态环境压力指数 2015 年比 2011 年下降幅度情况

（三）城市群生态环境压力空间分布评价

从生态环境压力的空间分布看，2015 年，北部湾城市群 15 个城市的生态环境压力指数介于 0.1543 和 0.5325 之间，其中生态环境压力最大的 3 个城市是防城港市、昌江黎族自治县、临高县，生态环境压力指数分别为 0.5325、0.4607、0.4553；生态环境压力最小的 3 个城市是海口市、南宁市、湛江市，生态环境压力指数分别为 0.1543、0.2115、0.2263，见图 6–19。

按照 2015 年生态环境压力大小进行分类，可以将北部湾城市群 15 个城市分为 5 个梯队，其中仅防城港市生态环境压力指数在 0.5 以上，占城市总数的 6.67%；生态环境压力指数介于 0.4 和 0.5 之间的有昌江黎族自治县、临高县、澄迈县 3 个城市，占城市总数的 20%；生态环境压力指数介于 0.3 和 0.4 之间的有崇左市、钦州市、茂名市、儋州市 4 个城市，占城市总数的 26.67%；生态环境压力指数介于 0.2 和 0.3 之间的有东方市、玉林市、阳江市等 7 个城市，占城市总数的 46.67%；生态环境压力指数低于 0.2 的仅海口市一个城市，占城市总数的 6.67%，见表 6–13。

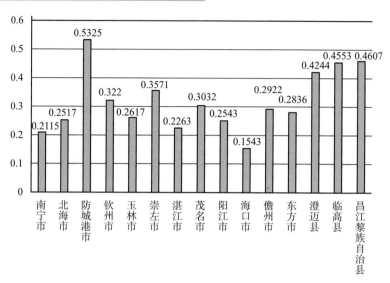

图 6 - 19　2015 年北部湾城市群各城市生态环境压力指数

表 6 - 13　北部湾城市群 15 个城市按 2015 年生态环境压力指数分类情况

序号	生态环境压力指数范围	包含城市	城市个数	比例（％）
1	0.5 以上	防城港市	1	6.67
2	0.4 ~ 0.5	昌江黎族自治县、临高县、澄迈县	3	20.00
3	0.3 ~ 0.4	崇左市、钦州市、茂名市	3	20.00
4	0.2 ~ 0.3	儋州市、东方市、玉林市、阳江市、北海市、湛江市、南宁市	7	46.67
5	0.2 以下	海口市	1	6.67

　　从北部湾城市群生态环境压力指数 2011 ~ 2015 年均值看，城市间也存在较大的差异。各城市生态环境压力指数 2011 ~ 2015 年均值介于 0.157 与 0.5519 之间，防城港市、澄迈县、临高县 3 个城市的生态环境压力最大，生态环境压力指数分别为 0.5519、0.4904、0.4848；海口市、南宁市、湛江市 3 个城市的生态环境压力最小，生态环境压力指数分别为 0.157、0.232、0.2658，见图 6 - 20。

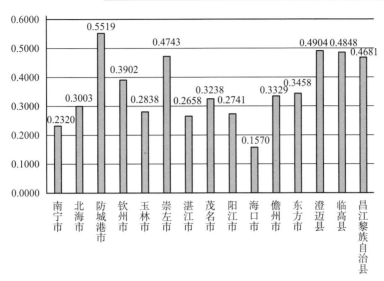

图 6 – 20　2011 ~ 2015 年北部湾城市群各城市生态环境压力指数均值

五、北部湾城市群城镇化与生态环境压力的脱钩分析

(一)脱钩指数的计算

脱钩源于物理学领域,用脱钩指数反映 2 个或多个物理量间的作用关系不复存在。2002 年,经济合作与发展组织(OECD)提出了脱钩理论,并用脱钩模型来解释经济增长与环境压力的关系,区分了相对脱钩和绝对脱钩。[1] 2005 年,Tapio 对 OECD 提出的脱钩模型进行了改进和完善,并对交通容量与 GDP 的脱钩问题进行了研究,提出了脱钩弹性系数。[2]

目前,脱钩分析已被广泛用于经济增长与资源、能源消耗,经济增长与资源环境压力,城镇化与生态环境压力等多个领域研究,Tapio 提出的脱钩弹性系数得到了广泛的应用。本研究对北部湾城市群城镇化与生态环境压力

①　OECD. Indicators to measure decoupling of environmental pressure from economic growth [R]. Paris:DECD, 2002.

②　Petri Tapio. Towards a theory of decoupling:degrees of decoupling in the EU and the case of road traffic in Finland between 1970 and 2001 [J]. Transport Policy, 2005 (2):137 – 151.

关系的分析，也采用 Tapio 提出的脱钩弹性系数方法，公式如下：

$$D_t = \frac{\%\Delta U_2^t}{\%\Delta U_1^t} = \frac{(U_2^t - U_2^s)/U_2^s}{(U_1^t - U_1^s)/U_1^s} \qquad (6-20)$$

其中，D_t 表示 t 时期城镇化与生态环境压力的脱钩指数，$\%\Delta U_2^t$ 和 $\%\Delta U_1^t$ 分别表示 t 时期生态环境压力指数和城镇化水平指数的变化率；U_2^s 和 U_2^t 分别表示起始年和末年的生态环境压力指数，U_1^s 和 U_1^t 分别表示起始年和末年的城镇化水平指数。

（二）脱钩程度的划分

根据脱钩指数，可将脱钩程度划分为脱钩、连接、负脱钩三大类，强脱钩、弱脱钩、衰退性脱钩、衰退性连接、扩张性连接、扩张性负脱钩、弱负脱钩、强负脱钩 8 种状态，见表 6-14。[①]

表 6-14　　　　　　　　城镇化与生态环境压力脱钩程度判断标准

脱钩程度	脱钩			连接		负脱钩		
	强脱钩	弱脱钩	衰退性脱钩	衰退性连接	扩张性连接	扩张性负脱钩	弱负脱钩	强负脱钩
$\%\Delta U_1^t$	$\%\Delta U_1^t>0$	$\%\Delta U_1^t>0$	$\%\Delta U_1^t<0$	$\%\Delta U_1^t<0$	$\%\Delta U_1^t>0$	$\%\Delta U_1^t>0$	$\%\Delta U_1^t<0$	$\%\Delta U_1^t<0$
$\%\Delta U_2^t$	$\%\Delta U_2^t<0$	$\%\Delta U_2^t>0$	$\%\Delta U_2^t<0$	$\%\Delta U_2^t<0$	$\%\Delta U_2^t>0$	$\%\Delta U_2^t>0$	$\%\Delta U_2^t<0$	$\%\Delta U_2^t>0$
D_t	$D_t<0$	$0<D_t<0.8$	$D_t>1.2$	$0.8<D_t<1.2$	$0.8<D_t<1.2$	$D_t>1.2$	$0<D_t<0.8$	$D_t<0$

（三）北部湾城市群城镇化水平与生态环境压力脱钩状态的计算与分析

为方便比较，将 2011～2015 年分为 2011～2012 年、2012～2013 年、2013～2014 年、2014～2015 年 4 个考察期对北部湾城市群城镇化水平与生态环境压力的脱钩情况进行比较分析。

---

① 刘怡君，王丽，牛文元. 中国城市经济发展与能源消耗的脱钩分析 [J]. 中国人口·资源与环境，2011（1）：70-77.

1. 2011～2012 年的脱钩情况分析

运用公式（6－20），计算北部湾城市群 2011～2012 年城镇化与生态环境压力的脱钩指数，并对脱钩类型进行判断。

2011～2012 年，北部湾城市群 15 个城市城镇化与生态环境压力的脱钩指数介于 －7.085 与 4.61 之间，其中，北海市、防城港市、钦州市等 11 个城市为强脱钩类型，占城市总数的 73%；南宁市、海口市、儋州市 3 个城市为弱脱钩类型，脱钩指数分别为 0.049，0.689、0.043，占城市总数的 20%；湛江市为扩张性负脱钩类型，脱钩指数为 4.61，占城市总数的 7%；总体上来看，2011～2012 年，北部湾城市群大部分城市的城镇化与生态环境压力的脱钩情况不断好转，最中最为明显的是阳江市、东方市、北海市 3 个城市，脱钩指数为分为 －7.085、－2.561、－1.149，见表 6－15、图 6－21。

表 6－15　　　　北部湾城市群 2011～2012 年城镇化与生态环境
压力的脱钩指数及类型

序号	城市	生态环境压力指数变化率	城镇化指数变化率	脱钩指数	脱钩类型
1	南宁市	0.010	0.204	0.049	弱脱钩
2	北海市	－0.205	0.178	－1.149	强脱钩
3	防城港市	－0.122	0.116	－1.056	强脱钩
4	钦州市	－0.014	0.181	－0.076	强脱钩
5	玉林市	－0.247	0.296	－0.833	强脱钩
6	崇左市	－0.048	0.349	－0.138	强脱钩
7	湛江市	0.239	0.052	4.610	扩张性负脱钩
8	茂名市	－0.062	0.066	－0.925	强脱钩
9	阳江市	－0.468	0.066	－7.085	强脱钩
10	海口市	0.077	0.112	0.689	弱脱钩
11	儋州市	0.012	0.274	0.043	弱脱钩
12	东方市	－0.164	0.064	－2.561	强脱钩

续表

序号	城市	生态环境压力指数变化率	城镇化指数变化率	脱钩指数	脱钩类型
13	澄迈县	-0.045	0.498	-0.091	强脱钩
14	临高县	-0.102	0.243	-0.419	强脱钩
15	昌江黎族自治县	-0.143	0.174	-0.820	强脱钩

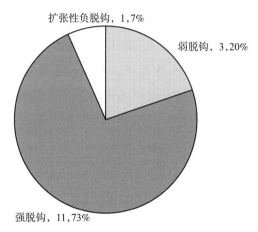

图 6 - 21　2011~2012 年北部湾城市群城镇化与生态环境压力的脱钩类型数量及比例

2. 2012~2013 年的脱钩情况分析

运用公式 (6 - 20), 计算北部湾城市群 2012~2013 年城镇化与生态环境压力的脱钩指数, 并对脱钩类型进行判断。

2012~2013 年, 北部湾城市群 15 个城市城镇化与生态环境压力的脱钩指数介于 -1.977 与 2.324 之间, 14 个城市为脱钩类型, 占城市总数的 93%, 1 个城市为负脱钩类型, 占城市总数的 7%; 其中, 南宁市、北海市、防城港市等 12 个城市强脱钩类型, 占城市总数的 80%, 脱钩指数介于 -1.977 与 -0.167 之间; 玉林市、昌江黎族自治县 2 个城市为弱脱钩类型, 占城市总数的 13%, 脱钩指数分别为 0.653、0.150; 阳江市为扩张性负脱钩类型, 脱钩指数为 2.324, 占城市总数的 7%; 总体上来看, 2012~2013 年, 北部湾城市群大部分城市的城镇化与生态环境压力的脱钩情况不断好转, 最中最为明显的是北海市、海口市、东方市 3 个城市, 脱钩指数为分为 -1.977、-1.408、-1.406, 见表 6 - 16、图 6 - 22。

表 6 – 16　　　　北部湾城市群 2012～2013 年城镇化与生态环境压力的
脱钩指数及类型

序号	城市	生态环境压力指数变化率	城镇化指数变化率	脱钩指数	脱钩类型
1	南宁市	− 0.038	0.144	− 0.266	强脱钩
2	北海市	− 0.181	0.092	− 1.977	强脱钩
3	防城港市	− 0.070	0.083	− 0.842	强脱钩
4	钦州市	− 0.039	0.065	− 0.600	强脱钩
5	玉林市	0.093	0.142	0.653	弱脱钩
6	崇左市	− 0.109	0.146	− 0.744	强脱钩
7	湛江市	− 0.100	0.100	− 0.991	强脱钩
8	茂名市	− 0.076	0.164	− 0.466	强脱钩
9	阳江市	0.499	0.215	2.324	扩张性负脱钩
10	海口市	− 0.160	0.114	− 1.408	强脱钩
11	儋州市	− 0.039	0.166	− 0.233	强脱钩
12	东方市	− 0.170	0.121	− 1.406	强脱钩
13	澄迈县	− 0.077	0.237	− 0.327	强脱钩
14	临高县	− 0.059	0.355	− 0.167	强脱钩
15	昌江黎族自治县	0.018	0.122	0.150	弱脱钩

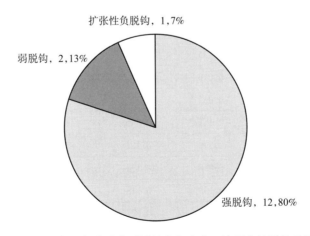

图 6 – 22　2012～2013 年北部湾城市群城镇化与生态环境压力的脱钩类型数量及比例

3. 2013 ~ 2014 年的脱钩情况分析

运用公式（6 - 20），计算北部湾城市群 2013 ~ 2014 年城镇化与生态环境压力的脱钩指数，并对脱钩类型进行判断。

2013 ~ 2014 年，北部湾城市群 15 个城市城镇化与生态环境压力的脱钩指数介于 - 2.300 与 1.316 之间，14 个城市为脱钩类型，占城市总数的93%，1 个城市为负脱钩类型，占城市总数的7%；其中，南宁市、钦州市、玉林市等 7 个城市强脱钩类型，占城市总数的47%，脱钩指数介于 - 2.300 与 - 0.028 之间；北海市、防城港市、儋州市等 7 个城市为弱脱钩类型，占城市总数的47%，脱钩指数介于 0.028 与 0.532 之间；阳江市为扩张性负脱钩类型，脱钩指数为 1.316，占城市总数的7%；总体上来看，2013 ~ 2014年，北部湾城市群大部分城市的城镇化与生态环境压力的脱钩情况不断好转，最中最为明显的是湛江市、南宁市、海口市 3 个城市，脱钩指数为分为 - 2.300、- 1.656、- 0.441，见表 6 - 17、图 6 - 23。

表 6 – 17　　　2013 ~ 2014 年北部湾城市群城镇化与生态环境压力的
脱钩指数及类型

序号	城市	生态环境压力 指数变化率	城镇化指数 变化率	脱钩指数	脱钩类型
1	南宁市	- 0.225	0.136	- 1.656	强脱钩
2	北海市	0.019	0.369	0.050	弱脱钩
3	防城港市	0.135	0.288	0.468	弱脱钩
4	钦州市	- 0.010	0.352	- 0.028	强脱钩
5	玉林市	- 0.052	0.367	- 0.141	强脱钩
6	崇左市	- 0.151	0.355	- 0.424	强脱钩
7	湛江市	- 0.370	0.161	- 2.300	强脱钩
8	茂名市	- 0.058	0.174	- 0.335	强脱钩
9	阳江市	0.153	0.116	1.316	扩张性负脱钩
10	海口市	- 0.056	0.127	- 0.441	强脱钩
11	儋州市	0.078	0.522	0.150	弱脱钩

续表

序号	城市	生态环境压力指数变化率	城镇化指数变化率	脱钩指数	脱钩类型
12	东方市	0.152	0.343	0.443	弱脱钩
13	澄迈县	0.013	0.464	0.028	弱脱钩
14	临高县	0.059	0.491	0.121	弱脱钩
15	昌江黎族自治县	0.201	0.379	0.532	弱脱钩

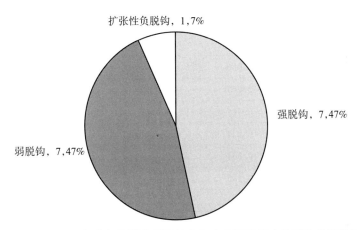

扩张性负脱钩，1，7%

强脱钩，7，47%

弱脱钩，7，47%

图 6-23　2013～2014 年北部湾城市群城镇化与生态环境压力的脱钩类型数量及比例

4. 2014～2015 年的脱钩情况分析

运用公式（6-20），计算北部湾城市群 2014～2015 年城镇化与生态环境压力的脱钩指数，并对脱钩类型进行判断。

2014～2015 年，北部湾城市群 15 个城市城镇化与生态环境压力的脱钩指数介于 -13.145 与 3.373 之间，12 个城市为脱钩类型，占城市总数的 80%，3 个城市为负脱钩类型，占城市总数的 20%；其中，北海市、防城港市、钦州市等 10 个城市为强脱钩类型，占城市总数的 67%，脱钩指数介于 -13.145 与 -0.572 之间；仅茂名市为弱脱钩类型，占城市总数的 7%，脱钩指数为 0.240；南宁市、湛江市、海口市 3 个城市为扩张性负脱钩类型，脱钩指数分别为 2.071、1.593、1.324，占城市总数的 20%；仅昌江黎族自治县为衰退性脱钩类型,占城市总数的 7%,脱钩指数为 3.373;总体上来看,2014~2015 年,北部湾城市群大部分城市的城镇化与生态环境压力的脱钩情况不断好转,最中最为明显的是东方市、钦州市、澄迈县 3 个城市,脱钩指数为分为 -13.145、-3.702、-2.357,见表 6-18、图 6-24。

表 6-18　　　2014~2015 年北部湾城市群城镇化与生态环境压力的
脱钩指数及类型

序号	城市	生态环境压力指数变化率	城镇化指数变化率	脱钩指数	脱钩类型
1	南宁市	0.106	0.051	2.071	扩张性负脱钩
2	北海市	-0.056	0.053	-1.049	强脱钩
3	防城港市	-0.065	0.033	-1.986	强脱钩
4	钦州市	-0.184	0.050	-3.702	强脱钩
5	玉林市	-0.027	0.046	-0.594	强脱钩
6	崇左市	-0.134	0.216	-0.619	强脱钩
7	湛江市	0.185	0.116	1.593	扩张性负脱钩
8	茂名市	0.022	0.093	0.240	弱脱钩
9	阳江市	-0.195	0.084	-2.329	强脱钩
10	海口市	0.099	0.075	1.324	扩张性负脱钩
11	儋州市	-0.181	0.089	-2.038	强脱钩
12	东方市	-0.183	0.014	-13.145	强脱钩
13	澄迈县	-0.126	0.053	-2.357	强脱钩
14	临高县	-0.060	0.105	-0.572	强脱钩
15	昌江黎族自治县	-0.117	-0.035	3.373	衰退性脱钩

(四) 2011~2015 年北部湾城市群城镇化与生态环境压力的脱钩情况分析

从 2011~2015 年北部湾城市群 15 个城市城镇化与生态环境压力的整体脱钩情况看,呈现好转—恶化—好转的发展趋势。从强脱钩情况看,2011~2012 年、2012~2013 年、2013~2014 年、2014~2015 年 4 个考察期处于

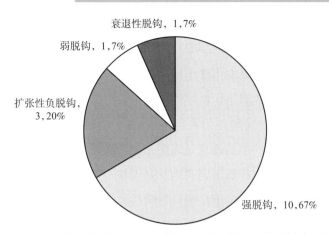

图 6 - 24　2014～2015 年北部湾城市群城镇化与生态环境压力的脱钩类型数量及比例

强脱钩状态的城市数量分别为 11 个、12 个、7 个、10 个，分别占城市总数的比重分别为 73%、80%、47%、66%；从弱脱钩情况看，城市数量分别为 3 个、2 个、7 个、1 个，分别占城市总数的比重分别为 20%、13%、47%、7%；从衰退性脱钩情况，只有 2014～2015 年有 1 个城市处于衰退性脱钩状态；从扩张性负脱钩情况看，2014～2015 年处于扩张性负脱钩的城市有 3 个，占城市总数的 20%；其他 3 个考察期扩张性负脱钩情况的城市均为 1 个，各占城市总数的 7%，见表 6 - 19。

表 6 - 19　　　　2011～2015 年北部湾城市群城镇化与生态环境压力的
脱钩类型城市数量及比重

脱钩程度	2011～2012 年		2012～2013 年		2013～2014 年		2014～2015 年	
	城市数	比重（%）	城市数	比重（%）	城市数	比重（%）	城市数	比重（%）
强脱钩	11	73	12	80	7	47	10	67
弱脱钩	3	20	2	13	7	47	1	7
衰退性脱钩	0	0	0	0	0	0	1	7
扩张性负脱钩	1	7	1	7	1	7	3	20

从 2011~2015 年北部湾城市群单个城市城镇化与生态环境压力脱钩情况看，在 2011~2012 年、2012~2013 年、2013~2014 年、2014~2015 年 4 个考察期内，钦州市、崇左市 2 个城市均为强脱钩状态，城镇化与生态环境压力脱钩情况最好；北海市、防城港市、玉林市、东方市、澄迈县、临高县 6 个城市城镇化与生态环境压力经历了强脱钩—弱脱钩—强脱钩的过程，城镇化与生态环境压力的脱钩情况呈现先恶化后好转的趋势；南宁市和海口市城镇化与生态环境压力经历了弱脱钩—强脱钩—扩张性负脱钩的过程，城镇化与生态环境压力的脱钩情况呈现先好转后恶化的趋势，恶化较为严重，变成了负脱钩状态；湛江市城镇化与生态环境压力经历了扩张性负脱钩—强脱钩—扩张性负脱钩的过程，城镇化与生态环境压力的脱钩情况呈现先好转后恶化的趋势；茂名市在 2011~2012 年、2012~2013 年、2013~2014 年 3 个考察期为强脱钩状态，2014~2015 年考察期内为弱脱钩状态；阳江市经历了强脱钩—扩张性负脱钩—强脱钩的过程，城镇化与生态环境压力脱钩情况先恶化后好转；儋州市经历了弱脱钩—强脱钩—弱脱钩—强脱钩的过程，城镇化与生态环境压力脱钩情况最终好转，昌江黎族自治县经历了强脱钩—弱脱钩—衰退性脱钩的过程，城镇化与生态环境压力脱钩情况不断恶化，见表 6-20。

表 6-20　　　2011~2015 年北部湾城市群城镇化与生态环境压力的
脱钩类型变化情况

序号	城市	2011~2012 年	2012~2013 年	2013~2014 年	2014~2015 年
1	南宁市	弱脱钩	强脱钩	强脱钩	扩张性负脱钩
2	北海市	强脱钩	强脱钩	弱脱钩	强脱钩
3	防城港市	强脱钩	强脱钩	弱脱钩	强脱钩
4	钦州市	强脱钩	强脱钩	强脱钩	强脱钩
5	玉林市	强脱钩	弱脱钩	强脱钩	强脱钩
6	崇左市	强脱钩	强脱钩	强脱钩	强脱钩
7	湛江市	扩张性负脱钩	强脱钩	强脱钩	扩张性负脱钩

续表

序号	城市	2011~2012年	2012~2013年	2013~2014年	2014~2015年
8	茂名市	强脱钩	强脱钩	强脱钩	弱脱钩
9	阳江市	强脱钩	扩张性负脱钩	扩张性负脱钩	强脱钩
10	海口市	弱脱钩	强脱钩	强脱钩	扩张性负脱钩
11	儋州市	弱脱钩	强脱钩	弱脱钩	强脱钩
12	东方市	强脱钩	强脱钩	弱脱钩	强脱钩
13	澄迈县	强脱钩	强脱钩	弱脱钩	强脱钩
14	临高县	强脱钩	强脱钩	弱脱钩	强脱钩
15	昌江黎族自治县	强脱钩	弱脱钩	弱脱钩	衰退性脱钩

第七章

北部湾城市群城镇化与生态环境协调发展的调控

第一节

北部湾城市群城镇化与生态环境协调发展的调控方向

北部湾城市群城镇化与生态环境系统的调控应以政府为主导，发挥市场的决定性作用，在分工合理和优势互补的原则下，通过城市人口、经济、空间、社会与生态环境的良性互动，实现城镇化与生态环境的协调、可持续发展。城镇化与生态环境之间的相互作用，实质上是一个相互磨合、相互融合、相互控制的复杂系统的过程。因此，要实现城镇化与生态环境的良性互动和协调发展，需要明确协调发展的最终目标，即达到城镇化与生态环境系统的高水平协调发展，实现经济、社会、自然、环境的共赢，达到经济效益、社会效益、生态效益的统一。

实现城镇化与生态环境系统的高水平协调发展的目标，应从城镇化与生态环境系统的经济、社会、空间等方面进行调控，追求产业结构的高级化、社会结构的公平化、空间结构的优化。目前，北部湾城市群城镇化与生态环境的软硬环境建设还有待完善，影响城镇化与生态环境相互作用的产业结构、产业布局、社会结构、环境基础设施建设等方面还有待调整优化，需要实施必要的调控措施，以促进城镇化与生态环境的良性互动和高水平的协调发展。

一、北部湾城市群城镇化与生态环境系统产业结构的高级化

（一）产业结构高级化

产业结构是指三次产业在经济结构中所占的比重，是经济结构的核心，其调整与升级是经济结构调整的关键。产业结构高级化是指产业结构系统从较低级形式向较高级形式的转换过程，表现为产值结构、技术结构、劳动力结构、资产结构等的高级化，标志着区域经济发展水平的高低。

（二）产业结构高级化的内容

产业结构的高级化主要表现为由第一产业占优势比重逐步向第二、第三产业占优势比重演进，由劳动密集型产业占优势比重逐步向资金密集型、技术密集型、知识密集型占优势比重演进，由制造初级产品的产业占优势比重逐步向制造中间产品、最终产品的产业占优势比重演进。从发生的过程和阶段来看，产业结构高级化的主要内容包括以下"四化"：①

第一，产业结构的重化工业化。重化工业泛指生产资料的生产，包括能源、机械制造、电子、化学、冶金及建筑材料等工业。重化工业是一个国家或地区经济实力、工业化水平、产业基础、科技实力的重要标志，是现代化建设的重要支撑。重化工业化是指在一个国家或地区经济发展和工业化过程中，重化工业比重在工业结构中不断提高的过程，这是产业结构高级化在经济发展的工业化阶段的表现之一。

第二，产业结构高加工化。高加工化是指在产业发展中由原材料为重心的产业结构向以深加工、组装为重心的产业结构变化的过程，这一阶段产业的加工程度不断深化，组装工业快速发展，产品的附加值明显提高。这是随着科学技术的不断进步与革新，工业化进程发展到一定阶段的客观趋势，高

---

① 宋泓明. 中国产业结构高级化分析［D］. 北京：中国社会科学院，2001：7.

加工化不仅使有限的资源得到了更有效的利用，也可以降低工业发展对能源、原材料的依赖程度，促进产业结构向资源、能源节约化发展。

第三，产业结构服务化。产业结构服务化指在工业化发展过程中，第三产业的比重不断提高，达到了一定的规模和程度，最终超过了第二产业，成为经济活动的中心。产业结构服务化过程中，产业的知识、技术密集程度提高，对技术、人才的依赖不断增强，产业结构的服务化已成为国家或地区提升产业结构的必然趋势。

第四，产业结构的高信息化。经济信息化过程，是一个用信息技术改造、整合传统产业的过程。数字技术、网络技术的兴起和发展，将现代经济生活推向了信息化的轨道。信息技术和信息产业不仅是国家或地区经济的支柱产业，而且是经济增长的"发动机"，利用信息技术提高产业的信息采集传输和利用的能力，可以推动产业加快更新换代和升级。

（三）产业结构高级化的调控方向

城市产业结构中的第二产业与城镇化、生态环境的关系最为密切、关联度最强，以传统重化工业为主导的产业结构，是造成城市环境问题的主要原因。科学合理的产业结构和分工合作，是提升城市群可持续竞争力的重要途径。近年来，北部湾城市群工业化进程不断加快，已初步形成门类较齐全，部分领域具有相对优势的产业基础。由于自然和历史的原因，北部湾城市群不仅在地理位置上相互联结，在资源禀赋、产业、市场等方面也有很大的相似之处，产业结构不合理、资源依赖程度高、自主创新能力不足等，是制约城镇化与生态环境协调发展的原因所在。

北部湾城市群产业结构调整的方向是实现产业结构高级化。以产业结构的升级来加速城镇化及提高城镇化质量，是实现城镇化与生态环境协调发展的重要途径。要加快经济结构的战略性调整，努力构建现代产业体系，推动产业结构的优化升级。

1. 科学合理布局第二产业

随着工业化进程的推进，第二产业结构会相继出现轻纺工业结构、重化工业结构、高加工度结构、高技术化结构等阶段，在此过程中会出现劳动密集型产业相对萎缩，并不断地被资本密集型、技术密集型、知识密集型行业所替代的现象。[①]

城镇化与生态环境的协调发展，要合理布局第二产业中劳动、资本、技术、知识密集型行业的比重，优化产业结构。要依托资源禀赋优势，遵循市场需求导向的原则，注重区域内部产业分工，培育生态优势产业，提高高新技术产业的竞争力，注意扶持精加工度、高附加值、高技术含量的产业发展。大力发展电子信息、生物制药、新能源、新材料等高新技术产业和战略性新兴产业。加快整合改造钢铁、煤炭等传统产业，淘汰落后产能，充分发展信息产业和高新技术产业，促进产业转型升级。

随着工业化进程的加快推进，北部湾城市群在产业结构调整过程中，资本、技术、知识等生产要素对劳动的替代不断加强，资本、技术、知识密集型产业比重不断提升。要大力推进高新技术的开发和应用，提高产业科技竞争力和综合实力，也要合理制定劳动密集型行业发展的扶植政策，充分发挥劳动密集型产业对就业的吸纳作用，增强产业发展的社会效益。

2. 加快发展第三产业

第三产业既包括零售业、餐饮业和生活服务等传统部门，也包括房地产业、金融保险业、咨询业等新兴部门。第三产业是城市经济社会发展的重要指标，也是衡量一个地区综合竞争力和经济发达程度的重要标志。第三产业对促进城市经济结构调整，改善城市投资环境，提高经济效益、环境效益和人民生活质量，具有重要意义。

发展第三产业，要优化第三产业内部结构，尽快建立起功能齐全、布局合理、服务一流的第三产业体系。运用现代经营方式和高科技手段对传统服

---

① 张学东，李志翠. 中国城市化与产业结构优化升级互动研究［J］. 技术经济与管理研究，2015（2）：116－120.

务业进行升级改造，提升交通运输、商贸流通、餐饮住宿、仓储邮递等传统服务业。大力发展现代金融、保险、科技创新、现代物流、文化创意、健康休闲等现代服务业。积极培育为城镇化发展提供配套服务的计算机服务、软件服务、科技交流业、推广服务等新兴服务业。

3. 夯实农业发展基础

农业的发展为城镇化提供重要的物质基础，要推进农业供给侧结构性改革，调整农业内部结构，推进农业产业化发展进程。在继续发展农业比较优势产业的同时，积极探索农村产业化经营模式，延伸农业产业链，实现产供销、贸工农一体化经营，提高农业发展的实力。

加快调整种植业、养殖业、林业等产业结构和发展模式，进一步优化各产业的区域布局，提高优势产业的区域集中度。大力发展特色种养业和绿色食品生产等生态农业，形成区域性的生态农业发展优势。进一步深化农村土地制度改革，保护农民的土地财产权利，鼓励和引导农民合理流转土地承包经营权，提高土地的生产效益。要加强农田水利、农村道路、农产品流通、农业技术推广、农民培训教育等农业基础设施和公共服务设施的建设，改善农业生产条件，提高农业抗御自然灾害的能力，提高农业生产效率和可持续发展的能力，巩固农业支撑城镇化发展的基础。

二、北部湾城市群城镇化与生态环境系统社会结构的公平化

社会结构是指一个国家或地区占有一定资源、机会的社会成员的组成方式及其关系格局。社会结构具有复杂性、层次性、相对稳定性等特征，包括城乡结构、人口结构、收入结构、就业结构等多方面的内容。社会结构的公平化是城镇化发展到新阶段的必然过程，实现社会结构的公平化，要改变城乡二元结构现状。城乡二元结构不利于城乡生态环境一体化建设，造成农村环境基础设施建设、农村环境保护制度建设等的滞后，影响农村乃至区域生态环境的保护和建设，严重影响城镇化与生态环境相互作用的通道及载体建设。推进社会结构的公平化就是要改变城乡分割的二元体制，推进城乡社会

一体化，实现城乡在政策上的平等、产业发展上的互补、国民待遇上的一致，让农民享受与城镇居民同样的改革发展成果和实惠，使整个城乡经济社会全面协调可持续发展。

（一）城乡二元结构

城乡二元结构是我国社会发展中存在的一个严重障碍，主要表现为城乡之间两种不同资源配置制度，导致资源在城乡间分配不平等，城乡差距明显。城乡二元结构使得城市人口、资金、技术、信息等各种要素难以向农村地区流动、城市文明不能向农村推广，不仅延缓了城镇化的发展进程，还会导致农村发展滞后、社会不公平、城乡资源浪费等问题。

城乡结构变动首先表现为城镇化，城镇化的发展不仅是各类基础设施的大规模建设，还有各项社会事业的全面发展；不仅是物质成果的快速积累，还有人们精神世界的不断丰富和生活质量的不断提高；不仅是城市经济的快速发展，还有资源的保护和生态环境的改善。

（二）推进城乡社会一体化

推进北部湾城市群城乡社会一体化发展，要坚持协调发展理念，加快户籍、就业、社保、教育等一系列制度联动改革，消除限制农村劳动力向城市自由迁移、改变社会身份和居住地等方面的各种壁垒，同时要加强农村基础设施的建设，特别是农村环境基础设施的建设，为城镇化和生态环境的协调发展创造良好的环境。

1. 加快户籍制度改革

当前，户籍制度已经成为制约农业转移人口市民化和城镇化质量提升的障碍。推进农业转移人口市民化是提升城镇化质量的核心，而加快户籍制度改革则是推进农业转移人口市民化的前提条件。[①]

由于城乡二元体制的户籍制度未能深化变革，大量进城农民工虽然住在城

---

① 魏后凯. 加快户籍制度改革的思路和措施［J］. 中国发展观察，2013（3）：15–17.

市，却不能真正成为城市居民，虽然为城市发展服务，却不能真正享受城市生活，内心向往城市却不被城市所接纳，根在农村却与农村日益疏远。改革户籍制度，就是要全部剥离依附在户籍制度上各种不合理的制度规定，取消按户口性质设置的差别化标准，逐步让户口性质与民主权利、就业机会、子女教育、计划生育、购车购房等公共福利相脱钩。要研究制定城乡统一的新标准，消除农业人口与非农业人口之间的福利差别，使全体城乡居民在户口身份上平等，从而消除农民进城的身份障碍，让农民享有自由进城和自由迁徙的权利。

2. 加快就业制度改革

就业制度是指为具有劳动意愿和劳动能力的公民获得职业提供劳动和工作单位的制度安排。加快就业制度改革，要加强引导和管理，逐步统一城乡劳动力市场，形成城乡劳动者平等就业的制度。改革完善农村剩余劳动力进城的制度，打破农村劳动力与城市劳动力在政策上的区别，取消限制进城农民工就业的不平等政策，依法保障农民工平等的公民权利和劳动权益，建立让农民工享受与城里居民一样的就业制度环境。要将就业培训和就业指导推广到城乡所有劳动者，加强对农民工的就业指导和培训，提高他们的整体素质和择业能力。有计划、有针对性地对失业人员进行不定期的再就业培训，提高他们的工作技能和就业竞争力。

3. 加快福利制度改革

以就业、教育、医疗、住房等为主要内容的城乡差别的福利保障制度，是城乡二元体制的实质。在城乡社会保障方面，要加大改革力度，进一步健全城乡社会保障体系，逐步建立起城乡居民平等一致的、公平合理的、覆盖全社会的包括养老保险、失业保险和医疗保险等在内的社会保障体系，逐步消除市民的福利保障特权，让城乡居民享有均等化的社会保障服务。

在城乡教育方面，要统筹城乡教育发展，促进城乡教育资源共享、优势互补、相互贯通，推动城乡教育相互支持、相互促进、共同发展。有效消除城乡教育资源的不均衡配置问题，逐步缩小城乡之间的教育差距。依据学生数量，合理、协调地配置城乡教育资源，完善城乡教师队伍和管理人员双向流动机制，使城乡学生平等地享有公共教育资源的权利。

在城乡医疗方面，要改革现行的医疗卫生体制中的城乡二元体制，健全医疗卫生机构补偿机制，保证城乡居民平等享有基本医疗卫生和计划生育服务。有效整合农村新型合作医疗和城市居民医保，消除城乡居民在基本医疗保障方面的差别，实现城乡医保的一体化。

4. 加强农村基础设施建设

农村基础设施包括农田水利工程、农业土地质量保持和提高、农村生态环境改善优化等生产性基础设施，也包括改善农民生活现状和人居环境、农村饮用水安全工程建设、美化村庄风貌等生活性基础设施。农村基础设施落后是制约农村发展的主要因素之一，落后的基础设施不利于农村生态环境的保护与改善。要把投资重点向农村倾斜，较大幅度增加政府财政预算用于新农村基础设施建设的投入，并提高资金的使用效率，加强农村基础设施建设，提高对农业发展的保障能力。

通过政策引导、财政扶持、税收减免等优惠政策，充分利用社会的资金，特别是在污水净化处理、垃圾回收与利用、新能源开发和利用等方面充分发挥社会资金的重要作用。把污水处理、垃圾集中处理等农村环境设施建设放在重要地位，解决农村污水及垃圾造成的环境污染问题。实施自来水户户通工程，实现农村饮水集中供应、统一净化，保障饮水安全。推广和实施农村清洁能源工程，积极引导农村能源结构的转变，加强对生物质节能炉具、秸秆固化综合利用、沼气、太阳能节能房等新能源、新技术的推广利用，提高资源利用率，减少环境污染源。

三、北部湾城市群城镇化与生态环境系统空间结构的优化

（一）空间结构

城市空间结构是城市要素在空间范围内的分布和组合状态，是城市中物质环境、功能活动和文化价值等组成要素之间的表现方式，建筑学及城市规划学强调实体空间，经济学偏重于解释城市空间格局形成的经济机制，地

理学和社会学强调土地利用结构及人的行为、经济和社会活动在空间上的表现。①

按城市空间结构的层次划分,可分为城市内部空间结构和城市外部空间结构。城市内部空间结构是一个城市建成区之内土地的功能分区结构。城市外部空间结构是由一个中心城市辐射区域内的中心城市与其他城市共同构成的空间体系。从城市功能对城市进行分区,可划分为商业区、居住区、工业区、交通与仓储区、风景浏览区与城市绿地、特殊功能区等方面。

(二) 空间结构优化的主要内容

城市空间结构的形式一般表现为城市密度、城市布局、城市形态三个方面,对城市空间结构的优化也主要包括城市密度的优化、城市布局的优化、城市形态的优化三个方面。②

1. 城市密度的优化

城市经济是一种聚集经济,聚集经济可以为企业带来便利并提高资源的利用效率。在一定限度内,城市密度的增加可以集中公共基础设施和各种服务设施的投资,降低投资成本,增加经济聚集效益。如果城市密度超过一定的限度,将带来土地开发成本、供水成本、能源供应成本等成本的提高,降低经济聚集的效益。城市密度的优化,就是要优化城市用地建设的总体密度和布局地区的开发密度,正确处理城市内部各种物质实体的疏密关系,保持城市经济的合理密度。

2. 城市布局的优化

城市的布局,面临着城市本身土地、人口、生态等要素的制约。在一定的经济条件下,不同的城市布局会有不同的效果,优良的城市布局可以缩短

---

① 周春山,叶昌东. 中国城市空间结构研究评述 [J]. 地理科学进展,2010 (7):1030 - 1038.

② 李杨萩. 城市空间结构形成、演变与优化的经济分析——以成都市为例 [D]. 成都:四川大学,2005:31 - 33.

人流、物流、资金流等要素的流动时间和距离，提高城市经济效益。而混乱、不合理的城市布局则会增加人流、物流、资金流、能源和信息流等的流动时间和距离，降低经济效益。城市布局的优化应从充分发挥区位效益和组合效益两方面来考虑。

3. 城市形态的优化

城市形态是一个城市的实体环境以及各类活动的空间结构和形成。城市形态是与一定生产力水平相联系的，对经济的发展起推动或阻碍作用。城市形态分集中式城市形态和分散式城市形态。集中式城市形态便于集中设置城市的生活服务设施，设施利用率高、规模效率突出，也便于集中管理。分散式城市形态不利于发挥规模经济的作用，但可以消除城市规划过大后所带来的规模不经济问题。城市形态的优化应该根据城市经济社会长期发展的需要，体现成本最小、效益最大化的原则。

（三）空间结构优化的路径

空间结构优化是促进城镇化可持续发展的重要手段，缓解城镇化过程中的生态环境压力，需要按照不同城市的生态环境承载力的要求优化空间结构，促进城镇化与生态环境的协调可持续发展。北部湾城市群城市内部空间存在商业区、居住区、工业区、城市绿地等功能分区不科学的问题，城市空间的扩展以外延式扩展为主，扩张速度快，规划布局不科学，对大气环境、水环境、土地环境、植被环境等破坏日益严重，给生态环境的保护和改善造成较大的压力。

北部湾城市群城镇化与生态环境系统的空间结构的优化，要合理划分城市功能分区，并强化城市土地的集中集约利用。城市功能分区过疏，在空间上表现为人口、建筑等聚集程度低，虽然环境污染小，但市政公共设施建设投资大，成本高，不利于城市的统一管理。城市功能分区过密，则容易产生住房紧张、交通拥挤、环境污染等问题。

要科学合理规划城市的商业区、工业区、居住区、生活区等生态空间单元，加大对生态示范产业园区的建设，严格控制污染型企业的布局，加强对环境污染防治，防止生态环境进一步恶化，促进城市内部空间的生态化。采取适度集中的人口布局方式，合理控制城市空间规模，加强生态环境的保护与建设，最大限度降低污染源的传播，强化城镇土地的集约利用，盘活存量，提高存量土地的利用效率，走城市用地适度增长的城镇空间扩张道路，实现城镇空间的适度、可持续发展。

第二节

北部湾城市群城镇化与生态环境协调发展的调控模式

北部湾城市群城镇化与生态环境协调发展要通过以技术创新为主线的新型工业化模式；以清洁生产、资源循环利用为主线的循环经济发展模式；以政府、民间组织、公众合作参与、倡导绿色消费模式得以实现。

一、新型工业化调控模式

（一）新型工业化

新型工业化道路，就是要坚持以信息化带动工业化，以工业化促进信息化，走出一条科技含量高、经济效益好、资源消耗低、环境污染少、人力资源优势得到充分发挥的新型工业化道路。新型工业化强调对提高环境质量的技术的研发与应用，注重协调经济效益与环境效益的关系，实现两者的和谐统一。

（二）新型工业化调控的重点

工业化首先是工业发展的过程，以及在此基础上的经济、社会的发展及转变的过程。新型工业化带来技术变革、组织方式变革、空间布局形式变革以及产业升级方式变革等，正在深刻地影响着城镇化的发展和人们的生活方式；城镇化同样对工业布局、工业生产、工业结构、工业增值方式等产生深刻影响。① 新型工业化的发展，必须将产业结构的转型升级与经济社会发展目标结合起来，重点优化中心城市的产业结构，大力发展产业集群，促进经济社会全面协调可持续的发展。

1. 优化中心城市的产业结构

中心城市是产业、技术、信息等新型工业化要素的核心区，是新型工业化道路的核心载体。中心城市对城市群城镇化与生态环境协调系统更容易起到调控作用。从综合实力看，南宁市、海口市、湛江市等城市是北部湾城市群的中心城市。中心城市要尽快淘汰或改造高能耗、高物耗、高污染的化工、钢铁、有色金属、水泥等传统产业，大力发展低能耗、低物耗、低污染、高附加值的电子信息、生物医药、新能源、新材料等高新技术产业，以产业跨越作为快速城镇化的推动器。大力发展可再生资源的产业和可吸纳工业废弃物的产业，逐步形成有利于资源持续利用和环境保护的产业结构。推广国内外先进节能、节水、节材技术和工艺，鼓励发展深加工、精加工产品，节能、节水产品，提高资源能源利用效率，遏制城市环境污染，有效地保护城市生态环境，实现经济发展与生态环境保护的双赢。通过中心城市的扩散作用和辐射功能，引导其他城市的产业布局优化和产业结构升级，使城市之间建立起合理分工与协作机制，发挥城市自我调整能力，形成完善的区域产业发展体系。

2. 大力发展产业集群

产业集群是在某一领域中大量相关联、联系密切的产业的一大批企业和与之相关的支撑机构，在以一个主导产业为核心的聚合力作用下，在空间上集聚形成强劲的产业区域创新能力，形成具有持续的竞争优势的现象。② 产业集群的最重要特点之一，就是它的地理集中性，即大量的相关产业相互集中在特定的地域范围内。发展产业集群，可以大大提升城镇化发展所需的各

---

① 孙虎，乔标. 我国新型工业化与新型城镇化互动发展研究 [J]. 地域研究与开发，2014 (8)：64 - 68.

② 张贵先. 重庆市产业集群与城镇化互动发展模式研究 [D]. 重庆：西南大学，2012：9 - 10.

种要素，促进城镇化的快速发展。产业集群作为一个多层次，多要素综合作用的复杂系统，内部各要素之间不断进行物质流、能量流和信息流的交换。

要加强产业空间引导，坚持"布局集中，用地集约、产业聚集"的原则，打造电子信息产业、高端装备制造、旅游产业、海洋产业、新能源、生物、地理信息等产业集群。通过产业集群方式，增强企业当地配套能力、整合能力与集中处理污染能力。以核心企业为主导，延伸产业集群的生态产业链条，将产业集群内产生的废弃物和副产品变为其他企业的原料，扩展产业集群，改良集群结构，形成闭合的物质循环与能量交换系统。产业集群内各企业共享交通运输、信息服务、通信设备、电力输送等基础设施，达到资源和能源利用最优化，提高利用效率，在实现利润最大化的同时，减少对生态环境的污染。

二、循环经济调控模式

（一）循环经济

循环经济是以资源的高效、循环利用为核心，以减量化、再利用、资源化为基本原则，以低消耗、低排放、低污染、高效率为基本特征，是对大量生产、大量消费、大量废弃的传统经济增长模式的根本变革，符合可持续发展理念的经济增长模式。循环经济是人类对传统粗放型经济增长模式反思后的创新，是对人与自然关系认识的升华。在全球资源不断减少和环境危机日益严重的情况下，大力发展循环经济，提高资源利用率，缓解资源短缺与环境污染压力，实现可持续发展目标，已成为世界各国的普遍共识。

（二）循环经济的企业发展模式

1. 矿产资源型企业循环经济模式

矿产资源指经过地质成矿作用，使埋藏于地下或出露于地表，具有开发利用价值的矿物或有用元素的含量达到工业利用价值的集合体。矿产资源是重要的不可再生资源，是经济社会发展的重要物质基础，通常分为能源矿产、金属矿产和非金属矿产三大类。

矿产资源导向型企业是以矿产资源开发利用为起点，完成对资源的深加工、综合利用。资源的减量化、最大限度提高资源利用效率是矿产资源企业的主要目标。从资源开发与利用的角度来看，矿产资源型企业的矿产采掘、选矿和冶炼都处于产业链或产品链的起点，如能合理、高效开发利用资源，相当于从源头上实现资源保护的目标。

矿产资源型企业实施循环经济，通过从源头上减少矿石的开采量，提高尾矿、废渣的利用率，可以最大限度地减少矿产开发对环境的破坏，有效缓解城市经济发展与环境保护的冲突。矿产资源型企业循环经济模式具有如下特点：第一，实现末端治理向源头控制的转变，即资源开采利用的节约与减量化；第二，实现资源的循环利用，通过设计"矿产资源—废弃物—再生资源"反馈式流程，实现由不可再生资源向可再生资源的转化；第三，实现物质、能量的转化，在对资源的开采及加工过程中，可利用先进技术，用余热、余压、余能生产电力和热力。

2. 再生资源加工型企业循环模式

再生资源是指被开发利用并报废后，还可回收反复加工再利用的资源，比如：报废的钢铁、有色金属、稀有金属、塑料、橡胶、纤维、纸张等。再生资源加工型企业的生产活动包括再生资源的收购、储存、运输、初加工、深加工等。在生产过程中，再生资源加工型企业对废钢铁、废有色金属、废纸、废塑料等废弃物，以成本最小化为原则，进行再回收、再处理、再加工，使之成为下游企业生产利用的投入品，以实现资源的循环利用。

再生资源加工型企业的主要目标是对再生资源加工处理后能重复利用，达到节约资源的目的。再生资源加工型企业循环模式的特点如下：第一，实现再生资源的产品化，采取一定的工艺，对再资源进行分离、粉碎、区分、处理、加工等，使之成为其他企业生产用的中间产品，实现资源利用最大化；第二，发挥废旧产品的作用价值，以能耗最小、环境污染最小为原则，综合考虑废旧产品的可回收性、再制造性和再循环性等因素，对废旧产品进行重要设计、处理、加工，实现废旧产品的循环利用；第三，采用先进的工艺和技术装备实现再生资源的循环利用，以提高再生资源产品的技术含量和附加值，实现企业利润最大化为目标。

3. 自我延伸型企业循环模式

自我延伸型企业是指在对企业在生产过程中自身产生的废弃物，通过企业内部各工艺之间进行物质循环利用，使某一环节产生的废弃物成为另一环节的投入品，以提高资源的使用效率，达到物质能量利用最大化和废弃物排放最小化，最大限度减小对环境的污染。

自我延伸型企业在企业内部实现物质的循环，将废弃物和副产品多层次循环利用，最大限度减少废弃物排放对环境的影响，其特点体现在以下方面：第一，自我延伸型企业属某一集团之下，通过延长各企业或生产部门间的资源利用链条，提高资源利用率，减少废弃物排放；第二，在企业内构建由生产者、消费者和分解者三者组成的闭合循环生产食物链，实现生产与环境的生态和谐；第三，企业内生产的废弃物内部消化，生产所需的资源或能源内部供给；第四，实现与主导产业相关的多元产品的生产，实现产品结构多样化，有利于产业结构调整和产业层次升级。

（三）循环经济调控模式的构建

目前北部湾城市群城市发展存在土地利用的浪费，资源的过度开采，生态环境的破坏与污染，资源节约和综合利用的水平不高，公众的环境保护意识不强等问题。通过"资源—产品—废物—再生资源"城市循环经济运行模式，将资源节约与废弃物循环利用贯穿于生产、流通、消费过程中，推动清洁生产、节能降耗，促进资源高效循环利用，可以实现物质的闭路循环和能量的多级利用，达到资源利用最大化与环境污染最小化的目标。

1. 建设循环型企业

企业是实施循环经济的微观基础，企业大力推行清洁生产是发展循环经济的根本。清洁生产强调的是资源削减，是一种整体预防的环境战略，其工作对象是生产过程、产品和服务。推进企业实施清洁生产，从源头减少资源能源投入，通过各工艺之间的物料能量循环，减少物料能量的使用，对生产过程中各种副产物和废物进行回收利用，达到少排放甚至"零排放"目标。

发展循环经济，技术上的创新与突破是关键。作为技术创新的主体，企业要以市场为导向，主动增加科技投入，加强与科研机构和高校的合作，加强技术研究开发和科技成果的转化与应用，依靠科技进步实现企业的可持续发展。要加大清洁能源开发、治污技术，末端产生物回收利用等清洁生产的技术研究，高度重视信息、先进工艺和制造技术的应用。坚持引进技术与消化、吸收、创新相结合，重点突破资源循环利用技术和产业化联合机制攻关项目，通过建设技术资源共享平台来改进科研综合服务水准。加强循环经济的资源循环利用支撑体系建设，重点发展污染治理技术、节能减排工艺、废弃物回收再利用技术，最大限度地提高资源循环利用率，消除有毒、有害物质的产生和排放，显著提高经济发展的生态效率。

2. 发展循环经济园区

循环经济园区是依据循环经济理论原理而设计建立的一种新型工业组织形式。废弃物最小化是循环经济型园区最主要的特点，园区内一个企业产生的废弃物被作为另一个企业的原材料或能源，通过企业之间物质、能量的交换和循环利用，最大限度地减少园区内污染物的排放甚至达到零排放，有效地保护了环境。

循环经济园区是发展循环经济的主要形式，要合理规划和改造园区内资源流、能源流、信息流和基础设施，加强园区基本道路、供水供电、给排水、污水处理等基础设施建设，提升园区基础设施建设的整体水平和产业配套服务的综合能力。建立入园企业的连接关系，以试点企业为核心，通过废物交换、循环利用、清洁生产等手段，在园区范围内实现企业和企业之间副产品或废弃物相互利用，形成企业共生和代谢的生态网络，减少产品和服务中物料和能源的使用量，实现资源、能源利用的最大化，污染物排放的最小化，达到经济效益和环境效益的最优化。

循环经济园区要抓好项目优化布局和产业链接，集中建设污水处理、中水回用、固体废弃物处理、热电联供等项目，做到企业间废弃物向原材料的转化，努力降低资源消耗和污染物排放，提高土地利用率和产出率，实现园区内资源循环利用，使园区整体生态效益最大化。以市场为导向，发挥市场机制的作用，以经济园区内的大型龙头企业为核心，大力引进与之配套的原材料企业、末端产物承接消化企业、信息服务企业等，延长产业链，完善整个园区的产业生态系统，减少废弃物的产生，提高资源的循环利用水平。依托现有的资源条件和技术基础，培植和构建生态型现代产业体系，大力发展资源回收再生产企业，实现经济园区的可持续发展。建立资源型产业的退出或改组机制，营造一个有利于企业灵活进退、各企业之间具有明晰产权、竞争有序、合作紧密、充满生机和活力的园区环境。

3. 加大政府政策支持力度

在政府层面，要加强引导和支持，制定与循环经济发展配套的地方性政策法规，特别是促进绿色采购、绿色消费、资源循环利用等方面的针对性的政策法规。加强财税体制机制创新，构建激励与约束并重的"节约资源、保护环境"的绿色财税政策。通过实行财税、金融、产业等扶持政策，加大对科研机构和高等学校研究开发的政策和资金支持，鼓励企业加大研发投入，开发新技术、新工艺、新产品，积极发展科技中介服务机构，进一步培育和健全技术市场，促进新技术、新工艺及时转化为生产力。利用和发挥好资本市场的力量，应充分发挥金融市场的融资功能，通过增加企业授信额度、设立发展基金等方式，加快循环经济产业体系的建立。组织力量制定绿色产品生产的标准及质量检验方法，加强绿色产品检测技术的开发研究和推广应用。对绿色产品特别是有环境保护标志产品的生产、流通及出口给予奖励和优惠。同时，通过广泛宣传，向公众普及绿色产品方面的知识，鼓励公众购买绿色产品，让使用绿色产品成为公众保护环境、提高生活质量的自觉行动。

三、绿色消费调控模式

(一) 绿色消费

绿色消费是一种以自然、和谐、健康为宗旨的有益于人类健康和社会环境的消费模式，强调人的组织管理与教育，使可持续发展理念成为人们的共同意识。绿色消费模式，就是引导人们以适度消费代替过度消费，以节约代替挥霍，采取健康的消费行为，反对奢侈消费、超前消费和过度消费。

（二）绿色消费的特点

绿色消费是指在社会消费中，不仅要满足当代人的健康消费需求，还要满足子孙后代的健康消费需求，是一种可持续的生活和消费方式，是环境友好型的消费。绿色消费具有以下特点：

1. 绿色消费是满足人的全面发展的消费

绿色消费围绕人的生存和发展的需求，提供充足的物质文化产品和生态环境服务，把满足人的需求和促进人的全面发展作为绿色消费观的出发点和落脚点。以人的全面发展为目标合理消费，节约消费中的物质资料部分，扩大其中的精神与文化资料部分，减少物质资料中不可再生资源的比重。

2. 绿色消费是一种节约型消费

绿色消费提倡有节制的适度消费。适度消费是一种节约型消费，是在不降低消费水平的条件下，以获得基本需求的满足为标准，避免造成多余的、奢侈的和豪华的过度消费。适度消费主张在可利用自然资源承载能力的基础上满足人类日益增长的消费需求，在保证不损害后代人基本利益的前提下进行当代人的消费，以尊重其他地区和个人同等权力为条件满足本地区和本人的消费需求。

3. 绿色消费是有利于环境保护的消费

绿色消费发展为"资源—产品—再生资源"的环状反馈式循环经济，通过建立完善的消费废弃物分类回收利用系统，实现了有限资源的再生循环。绿色消费注重追求物质消费与精神消费统一协调，以提高人类生活质量为内容，在消费过程中注重对垃圾的处置，以减少自然资源使用和不污染环境为条件，实现人与自然的和谐发展。

（三）绿色消费的实施途径

实现城镇化与生态环境的协调发展，不仅需要政府、企业的作用，更需要广大群众循环经济理念、可持续发展理念的普及以及保护环境行为的自觉实践。积极培育绿色消费方式，不仅能直接减少资源与环境的压力，而且通过消费对生产的强大推动力，能促使绿色生产沿着可持续的方向发展。培育绿色消费模式，要充分发挥政府、企业、消费者三大消费主体的作用。

1. 倡导绿色消费观

政府要通过广泛的环保宣传、示范以及引导，遏制奢侈性、炫耀性消费，抛弃消费至上的价值观念，倡导可持续的、适度的消费观念，减少和弱化过度消费需求；提高人们的环境意识和绿色消费意识，追求人与自然的和谐发展，自觉选择有利于保护环境的绿色消费方式，把消费看成是自我发展的条件而不是生活的目的。

2. 提倡绿色选购

积极鼓励绿色消费，实行替代消费，尽可能消费对环境无害的绿色产品、绿色能源，尽量不使用塑料袋等一次性产品，拒绝使（食）用珍惜野生动植物及其制成品。提倡绿色选购，购买食品首选不含激素、人工色素、保鲜剂和防腐剂等对人体和环境有害成分的绿色食品，选择有绿色标志的产品，选择包装少、可循环利用的、耐用的、高质量的产品等。

3. 推行绿色生活

在引导绿色消费方面，各级政府要发挥表率作用，积极推行政府绿色采购，优先选择经过清洁生产和绿色认证的产品，发挥对绿色消费的指导作用。引导人们以理性心态、道德的方式对待自然资源，杜绝浪费和奢侈，制止以对资源的占有来炫耀财富的虚荣心理的膨胀，反对破坏资源的不道德行为，建立一种资源消耗最小、环境污染最小的消费方式。寻求既节约资源又提高生活质量的生活方式，实现人类与自然和谐共存。

4. 调整消费结构

政府可以通过制定相关法规、环境标准等措施，引导公众调整消费结构，改变不合理的消费方式，提倡消费绿色产品。建立生态标志和产品政策，使企业环境标准融入产品政策中，推动整个生产方式和消费方式的"生态化"，实现生产、消费与环境的高度协调和统一。

第三节

北部湾城市群城镇化与生态环境协调发展的调控对策

一、发展循环经济，构建现代产业体系

循环经济是一种以减量化、再利用、资源化为基本原则，以资源的高效、循环利用为核心的经济发展方式。发展循环经济，要推进经济结构调整和升级，加快经济发展方式向集约型、环保型的循环经济发展方式转变，努力形成企业循环式发展、产业循环式组合、资源循环式利用、区域循环式发展的良好局面。党的十九大报告指出，必须坚持质量第一、效益优先，以供给侧结构性改革为主线，推动经济发展质量变革、效率变革、动力变革，提高全要素生产率，着力加快建设实体经济、科技创新、现代金融、人力资源协同发展的产业体系。

北部湾城市群城镇化与生态环境的协调发展，构建环境友好型的现代产业体系，要加强与发达地区更高级别的产业梯队对接，围绕优势资源开发，科学制定产业承接规划，加强产业对接。加快产业向高端转型，进一步培育大企业、发展大产业、拉伸产业链，培育和引进一批关联产业，提高产业集中度，走集群化发展道路。要着力优化投资环境，增强对人才、技术、资金等要素的吸引力和集聚力，吸纳和承接更多的转移产业和企业，不断优化升级自身产业结构，形成有效提高城市生态质量的现代产业体系，提高经济实力，进一步缩小与发达地区的差距。

构建环境友好型的现代产业体系，要大力推进产业结构优化调整，培育发展高新技术产业和战略性新兴产业，加快发展现代服务业和新兴服务业，

推动传统产业向中高端产业转型，走提质增效的产业发展新路。重点发展资源消耗少、环境污染低、技术含量高、经济效益好的高新技术产业、先进制造业及现代服务业，建立分工明确、布局合理的低碳型产业集群，不断提高产业层次和整体素质。

在工业发展方面，要主动适应和引领经济发展新常态，紧抓重大战略机遇，不断优化产业空间布局，加快推进信息化和工业化深度融合，加快钢铁、有色、化工、有色金属、建材等传统制造业的改造升级，促进企业技术改造，加快向产业价值链中高端转移；加快汽车、机械、电子信息、修造船及海洋工程装备等现代制造业集群发展，延伸产业链条。南宁要集中优势资源，突出发展电子信息、装备制造、生物医药、新材料等重点产业。湛江市要重点发展钢铁、石化、纸业三大核心产业，大力促进制造业转型升级提质增效，增强产业核心竞争力。海口市要大力发展汽车、食品、医药装备制造、新材料等重点产业，形成产业集群，提高产业竞争力。

在现代服务业发展方面，要以商贸物流、信息服务、现代金融、商务会展、海洋服务、文化服务等为重点，推进南宁、海口等城市现代服务业集聚发展。采取有效措施，大力发展低能耗、高附加值的现代服务业，协调发展劳动密集型服务业。提升南宁物流枢纽功能，打造钦州、防城港、湛江、玉林、茂名综合型商贸物流基地。

现代农业发展方面，要综合利用和质量安全技术，推进原料保障、食品加工、物流营销一体化发展，联合打造制糖、粮油、饮料（茶叶）、肉禽、水产品、林果等特色农林产品加工基地，初步建成绿色农业产业集群。培育壮大农业产业化龙头企业，构建海洋产业和现代农业。要加快发展循环农业，大力发展立体养殖、绿色养殖、草畜结合等现代生产模式，使农业生产废弃物零排放、无公害、资源化利用比率逐步提高，进一步提高生态环境质量。

二、加强生态建设和环境保护，提高资源利用率

加强生态建设，要严格实施生态环境分区、分类保护，加强生态林地的

保护和建设，划定限制建设地区，有效保护森林、河湖、湿地等生态敏感地区，积极进行绿化隔离地区、森林公园、生态廊道、城市公共绿地等生态环境建设。严格执行环境排放标准，控制大气、水、噪声和固体废弃物污染，控制污染物排放总量。

加强水生态系统保护，加强水环境保护与建设，确保城乡饮用水源安全。深入开展水流域综合整治，预防水土流失。严格控制工业废水排放标准，严格控制地下水开采量，严禁超采地下水，严格水污染物排放标准，全面改善市域内河水质。加强对污水处理厂运行的监督和管理，不断提高污水集中处理率和再生水循环使用率，促进城市生态环境的净化和美化。

节约利用能源，能源节约利用是达到同样功能的产品或达到同样效能的工艺应优先选择低能耗者，可以减少废渣、废水和废气的排放，达到节能和环保的双重目的。要科学合理制定清洁能源规划，大力推广使用清洁能源，不断降低煤炭的使用比例。大力发展太阳能、风能、生物质能等可再生能源，不断提高使用清洁能源比重。

节约利用土地资源，提高土地节约集约利用程度，是保护城市生态环境的重要内容。要强化规划导向，合理安排产业布局，将小而散的企业归并整合，使集聚效应达到最优。加快调整优化城市产业结构，重点发展技术含量高、投资强度大、土地利用少、产出效率高的产业。通过招投标、拍卖等竞价方式，将有限的增量土地由最有能力使用和最能集约使用的主体开发建设；制定相应的总量控制指标，引导投资主体集约用地；要坚持"保经济增长、保耕地红线"的"双保"行动，高效利用有限的农业用地。

三、树立经营城市理念，提高政府管理水平

经营城市就政府运用市场的手段，通过市场机制对构成城市空间和城市功能载体的，以公共资源为主体的各种可经营资源，进行集聚、组合和营运，以实现城市资源配置效益的最优化，从而促进城市经济社会和生态环境的可持续发展。城市政府不仅是城市的管理者，也是城市的经营者。城市政

府的认知水平、行为选择直接影响着城市的建设和发展，影响着城市的生态环境保护与建设。要提高城市政府经营城市的能力，强化服务型、创新型政府建设，对城市进行生态规划和生态管理，提高供给公共服务的能力和水平，促进城镇化与生态环境的协调发展。

经营城市，要以规划为先导，高起点规划、高标准建设。要科学进行城市生态规划，进一步优化城市空间布局，不断完善城市功能。以实现城镇化与生态环境高度协调发展为目标，采取立法、行政、经济、科技等手段，优化城市生态调控方案，维持城市系统的动态平衡、协调发展。

经营城市，要将城市建设推向市场，导入社会，对城市的自然资源、基础设施资源和人文资源进行市场化运营，激活城市资产，以城养城，以城建城，实现城市资源价值的最大化，为城市建设筹集资金。在土地利用方面，要高度重视对城市土地的经营和管理，通过土地拍卖、出让，有效筹集建设资金，努力提高土地资本的利用效率和地域空间的生态效益及经济效益。在城市给排水、道路交通、通讯信息服务、文化体育等公共基础设施的建设方面，政府可以通过资本运作，和企业合作，出让建设权、冠名权、经营权，以换取城市建设资金，加强基础设施建设，提高城市公共服务的能力。

经营城市，必须与保护资源及改善生态环境相结合，把资源、环境当作有价值的城市资产，科学地进行价值评估，建立资源使用、排污权、排污指标等资源、环境权益的交易市场，形成有利于促进经济效益、生态效益、社会效益协调统一的资源与环境有偿使用机制，提高资源、环境的使用效益，以良好的生态环境促进城镇化的发展。

四、加强引导和宣传，培育生态文化

保护生态环境理念的确立和行为的自觉，要实施文化意义上的变革和建设。只有从文化层次上对人们的观念进行调整，并建构一种与之相适应的文化支撑系统，才能从根本上提高和保证人们保护生态环境的自觉性、主动性。要积极培育生态文化，通过生态文化建设转变人们的观念，把生态环境保护的理念、科学方法和行动植根于人们的内心，变成人们的自觉行为、行为习惯。要坚持政府引导、企业兴办、群众参与的原则，加强生态文化建设，引导全社会转变思想观念和生产生活方式，倡导与保护生态环境相适应的文明意识、文化氛围和舆论环境，引导企业树立循环经济理念，积极采用清洁生产技术，生产绿色产品，引导人们养成勤俭节约、绿色低碳、文明健康的生活习惯。

积极培育绿色消费方式，各级政府要发挥表率作用，积极推行政府绿色采购，优先选择采用清洁生产技术和通过绿色认证的产品，发挥对绿色消费的引导示范作用。通过制定相关法规、环境标准等措施，引导公众调整消费结构，改变不合理的消费方式，提倡消费绿色产品。要通过广泛的环保宣传、示范以及引导，遏制奢侈性、炫耀性消费，抛弃消费至上的价值观念，倡导可持续的、适度的消费观念，减少和弱化过度消费需求。提高公众的环境意识和绿色消费意识，追求人与自然和谐发展，自觉选择有利于环境的绿色消费方式，选择有绿色标志的产品，选择包装少、可循环利用的、耐用的、高质量的产品。

大力加强生态环境质量及其保护知识的宣传与教育，大力宣传生态科普知识，倡导低碳绿色生活，引导人们积极参与绿色消费活动，践行生态文明理念，努力使全社会形成人人具生态意识，人人知生态知识，人人走生态之路的效果。充分利用网络、微信、电视、广播等传媒手段对人们进行环境法制和环境知识的宣传教育，使人们明确自己在生态环境方面的责任、权利和义务，树立保护环境就是保护生产力，改善生态就是发展生产力的思想，积极投身于生态环境的保护与建设，为改善城市生态环境，实现可持续发展做出贡献。

培育生态文化，还要将生态文化教育纳入国民教育体系，重视学生群体的生态文化教育，将生态文化教育纳入课堂教学内容，推动生态文化进课程教材、进学校课堂、进学生头脑。广泛组织青少年参与保护母亲河行动、造林绿化活动等生态文明建设的实践，进一步提高广大青少年的生态文化意识，并转化为有利于城市生态环境保护和建设的具体行动，为实现城镇化与生态环境协调发展贡献力量。

参 考 文 献

［1］ O. Yanitsky. Social problems of Man's Environment. The city and Ecology, 1987（1）：174－181.

［2］ D. W. Pearce. Economics of Natural Resources and the Environment ［M］. New York：Harvester Wreathes, 1990：215－289.

［3］ Richard Register. Eco-city Berkeley：Building Cities for a Healthy Future. Berkeley：North Atlantic Books, 1987.

［4］ Katarina Werder, Klaudia Wojtkowiak. Decision Making, in a Sustainable City A Case Study of Chicag ［D］. Land University, 2014：4.

［5］ Grossman G. Krueger A. Economic Growth and the Environment ［J］. Quarterly Journal of Economics, 1995（110）：353－377.

［6］ Maclaren V W. Urban sustainability reporting ［J］. Journal of the American Planning Association, 1996, 62（2）：185－202.

［7］ Bryn S, Mark J. Sustainable energy and urban form in China：the relevance of community energy management ［J］. Energy Policy, 2001（1）：55－65.

［8］ Jeffrey D K, Alissa M, Ralph J A. Integrating Urbanization into Landscape-level Ecological Assessments ［J］. Ecosystems, 2001（4）：3－18.

［9］ Mary Tiffen. Transition in Sub－Saharan Africa：Agriculture, urbanization and income growth ［J］. World Development, 2003, 31（8）：1343－1366.

［10］ Petor Deplazes. Wilderness in the City：The Urbanization of Echinococcus Multilocularis ［J］. Trends in Parasitology, 2004, 20（2）：77－84.

［11］McKinney M L. Urbanization as a major cause of biotic homogeni-zation ［J］. Biological Conservation, 2006, 127 (3): 247 - 260.

［12］Jiunn - Der Duh, Vivek Shandas, Heejun Chang. George. Rates of urbanization and the resiliency of air and water quality ［J］. Science of the Total Environment, 2008, 400 (1): 238 - 256.

［13］Reinhard Madlener, Katharina Kowalski, Sigrid Stagl. New ways for the integrated appraisal of national energy scenarios: The case of renewable energy use in Austria ［J］. Energy Policy, 2009, 35 (12): 6060 - 6074.

［14］Tonkaz T, Cetin M. Effects of urbanization and land use type on monthly extreme temperatures in a developing semi-arid region ［J］. Arid Environments, 2009, 68 (1): 143 - 158.

［15］Grossman G. M, and A. B. Krueger. Environmental Impacts of a North American Free Trade Agreement ［C］. National Bureau of Economic Research Working Paper, 1991: 3914.

［16］Shafik N. , and S. Bandyopadhyay. Economic Growth and Environmental Quality: Time Series and Cross-country Evidence ［C］. Background Paper for the World Development Report, Washington DC: The World Banktry , 1992.

［17］Auty R. M. Sustaining Development in Mineral Economics: the Resource Curse Thesis ［M］. London: Routledge, 1993.

［18］Panayotou T. Empirical tests and policy analysis of environmental degradation at different stages of economic development ［R］. International Labour Organization, 1993: 238.

［19］Cropper M. , and C. Griffiths. The Interaction of Population Growth and Environmental Quality ［J］. American Economic Review, 1994 (84): 250 - 254.

［20］D. Diakoulaki, G. Mavrotas and L. Papayannakis. Detemunin objective weights in multiple crireria problems: The CRITIC method ［J］. Computers and Operations Research, 1995 (7): 763 - 770.

［21］Li Y F, Li Y, Zhou Y, Shi Y L, etc. Ivnetstingatio of a coupling model of coordination between urbanization and the environment. Journal of enmironmental management, 2012, 98: 127－133.

[22] H. Wang C. L., Yoon, K. S. Multiple Attribute Decision Making [M]. Spring-verlag, Berlin, 1981.

[23] OECD. Indicators to measure decoupling of environmental pressure from economic growth [R]. Paris: DECD, 2002.

[24] Petri Tapio. Towards a theory of decoupling: degrees of decoupling in the EU and the case of road traffic in Finland between 1970 and 2001 [J]. Transport Policy, 2005 (2): 137－151.

[25] 姚士谋. 关于城市群基本概念的新认识 [J]. 现代城市研究, 1998 (6): 15－17.

[26] 方创琳. 中国城市群形成发育的新格局及新趋向 [J]. 地理科学, 2011 (9): 1025－1034.

[27] 江曼琦. 对城市群及其相关概念的重新认识 [J]. 城市发展研究, 2013 (5): 30－35.

[28] 廖重斌. 环境与经济协调发展的定量评判及其分类体系——以珠江三角洲城市群为例 [J]. 热带地理, 1999 (2): 171－177.

[29] 李龙熙. 对可持续发展理论的诠释与解析 [J]. 行政与法, 2005 (1): 3－7.

[30] 宋永昌. 第二届欧洲生态学学术讨论会和第十届德国生态学年会 [Z]. 植物生态学与地植物学丛刊, 1981 (2): 151－156.

[31] 黄征学. 空间结构要素的内涵及内在的逻辑关系 [J]. 发展研究, 2012 (12): 90－94.

[32] 奥列格·雅尼茨基. 走向生态城: 知识与实践相结合的问题 [J]. 国际社会科学 (中文版), 1984, 1 (4): 103－114.

[33] 陈勇. 生态城市理念解析 [J]. 城市发展研究, 2001 (1): 15－19.

[34] 黄光宇, 陈勇. 生态城市概念及其规划设计方法研究 [J]. 规划研究, 1997 (6): 17－20.

［35］陈予群. 生态城市建设的思路与对策［J］. 生态经济, 1997 (3):
15 – 19.

［36］曹瑾, 唐志强. 国外生态城市理论与实践研究进展及启示［J］.
经济研究导刊, 2015 (11): 104 – 107.

［37］宋建波, 武春友. 城市化与生态环境协调发展评价研究——以长
江三角洲城市群为例［J］. 中国软科学, 2010 (2): 78 – 87.

［38］鲁敏, 李英杰. 生态城市理论框架及特征标准［J］. 山东省青年
管理干部学院学报, 2005 (1): 117 – 120.

［39］亚尼茨基, 夏伯铭. 社会主义都市化的人的因素［J］. 国外社会
科学文摘, 1987 (10): 19 – 22.

［40］李茝. 县域农村城镇化与生态环境协调性评析——以西安市为例
［J］. 西北大学学报 (自然科学版), 2015 (8): 641 – 644.

［41］雷梅, 靳永翥. 贵州少数民族地区城镇化与生态环境耦合关系评
价——以 46 个市县为例［J］. 贵州民族研究, 2016 (10): 66 – 71.

［42］魏伟, 颉斌斌, 王雪平等. 河西地区县域城镇化发展与生态环境
空间协调度研究［J］. 商丘师范学院学报, 2016 (9): 47 – 53.

［43］宋言奇, 傅崇兰. 城市化的生态环境效应［J］. 社会科学战线, 2005
(5): 186 – 188.

［44］刘亚臣, 周健. 基于 "诺瑟姆曲线" 的我国城市化进程分析［J］.
沈阳建筑大学学报 (社会科学版), 2009 (1): 37 – 40.

［45］陈明星, 叶超, 周义. 城市化速度曲线及其政策启示——对诺瑟
姆曲线的讨论与发展［J］. 地理研究, 2011 (8): 1499 – 1507.

［46］荣宏庆. 我国新型城镇化建设与生态环境保护探析［J］. 改革与
战略, 2013 (9): 78 – 82.

［47］杨光梅, 闵庆文. 内蒙古城市化发展对生态环境的影响分析［J］.
干旱区地理, 2007 (1): 141 – 148.

［48］高倩, 阿里木江·卡斯木. 基于 DIVISP/OLS 夜间灯光数据的天
山北坡城市群人口分布空间模拟［J］. 西北人口, 2017 (3): 113 – 117.

［49］肖佳媚，杨圣云．PSR 模型在海岛生态系统评价中的应用［J］．厦门大学学报（自然科学版），2007（8）：91－196．

［50］任凯丽，朱志玲，受梦婷．宁夏沿黄城市群人口与经济时空耦合研究［J］．现代城市研究，2016（7）：91－97．

［51］马海涛．基于地理空间特征探寻中国城市群的发展之路——以海峡西岸城市群为例［J］．发展研究，2017（5）：29－34．

［52］谢跟踪，邱彭华，堪永生．基于 PSR 模型的海南岛生态环境综合评价［J］．自然地理学与生态建设气象出版社，2006（7）：86－92．

［53］黄河东．中国城市群城市化与生态环境协调发展比较研究［J］．生态经济，2016（4）：45－48．

［54］王昆，宋海洲．三种客观权重赋权法的比较分析［J］．技术经济与管理研究，2003（6）：48－49．

［55］吴跃明，张子珩，郎东锋．新型环境经济协调度预测模型及应用［J］．南京大学学报，1996（7）：466－473．

［56］刘耀彬，李仁东，宋学锋．中国城市化与生态环境耦合度分析［J］．自然资源学报，2005（1）：105－112．

［57］尤天慧，樊治平．区间数多指标决策的一种 TOPSIS 方法［J］．东北大学学报（自然科学版），2002（9）：840－843．

［58］卢方元．一种改进的 TOPSIS 法［J］．统计与决策，2013（3）：78－79．

［59］刘怡君，王丽，牛文元．中国城市经济发展与能源消耗的脱钩分析［J］．中国人口·资源与环境，2011（1）：70－77．

［60］阚大学，吕连菊．长江经济带产业发展与能耗的脱钩分析及能耗水平预测［J］．生态经济，2017（2）：28－32．

［61］张学东，李志翠．中国城市化与产业结构优化升级互动研究［J］．技术经济与管理研究，2015（2）：116－120．

［62］魏后凯．加快户籍制度改革的思路和措施［J］．中国发展观察，2013（3）：15－17．

[63] 周春山，叶昌东. 中国城市空间结构研究评述 [J]. 地理科学进展，2013（7）：1030–1038.

[64] 孙虎，乔标. 我国新型工业化与新型城镇化互动发展研究 [J]. 地域研究与开发，2014（8）：64–68.

[65] 谭啸. 中国城市群发展的区域比较分析——基于产业集群与城市群关联发展视角 [D]. 沈阳：辽宁大学，2012：13–15.

[66] 程中海. 绿洲经济增长与生态环境关系研究——基于新疆贸易视角的实证研究与理论架构 [D]. 石河子：石河子大学，2013：10–11.

[67] 李华刚. 长沙市城市化与生态环境协调发展研究 [D]. 武汉：湖北大学，2014：9–11.

[68] 满强. 长春市城市化与生态环境协调发展研究 [D]. 长春：东北师范大学，2007：20–23.

[69] 蔡平. 经济发展与生态环境的协调发展研究 [D]. 乌鲁木齐：新疆大学，2004：14–15.

[70] 李杨. 循环经济发展中的金融支持问题研究 [D]. 青岛：中国海洋大学，2006：16–21.

[71] 刘毅. 区域循环经济发展模式评价及其路径演进研究——以天津滨海新区为例 [D]. 天津：天津大学，2011：31–41.

[72] 吴晨兰. 石家庄市城市化与生态环境协调发展研究 [D]. 石家庄：石家庄经济学院，2012：14–15.

[73] 蒋政. 宁夏中卫市城市化与生态环境揭合机制研究 [D]. 北京：中央民族大学，2015：26–27.

[74] 何为. 江苏省城市化与生态环境耦合关联分析 [D]. 徐州：江苏师范大学，2014：17–18.

[75] 薛冰. 区域循环经济发展机制研究 [D]. 兰州：兰州大学，2009：26–35.

[76] 张志宗. 清洁生产效益综合评价方法研究 [D]. 上海：东华大学，2011：7–20.

[77] 王晶. 鄱阳湖生态经济区产业生态化研究 [D]. 兰州：江西财经大学，2013：12 – 23.

[78] 吕成. 山东省城市化与生态环境协调发展研究 [D]. 济南. 山东师范大学，2010：14 – 20.

[79] 郭娅琦. 城市化进程对城市生态环境的影响研究 [D]. 长沙：湖南大学，2007（5）：22 – 24.

[80] 何洋. 长株潭城市化进程与生态环境关系的研究 [D]. 长沙：湖南大学，2010：16 – 19.

[81] 倪泉丽. 浙江省城市化与生态环境协调发展研究 [D]. 杭州：浙江大学，2015：11 – 14.

[82] 张媛媛. 中国城镇化发展对生态环境的影响研究 [D]. 长春：吉林大学，2017：11 – 12.

[83] 陈晓红. 东北地区城市化与生态环境协调发展研究 [D]. 长春：东北师范大学，2008：12 – 13.

[84] 张剑. 兰白西城市群集聚与扩散研究 [D]. 兰州：西北师范大学，2015：12.

[85] 唐丽平. 基于 PSR 框架下的武汉市生态安全评价与对策研究 [D]. 武汉：华中师范大学，2012：16.

[86] 卢虹虹. 长江三角洲城市群城市化与生态环境协调发展比较研究 [D]. 上海：复旦大学，2012：4 – 25.

[87] 宋泓明. 中国产业结构高级化分析 [D]. 北京：中国社会科学院，2001：7.

[88] 李杨萩. 城市空间结构形成、演变与优化的经济分析——以成都市为例 [D]. 成都：四川大学，2005.

[89] 张贵先. 重庆市产业集群与城镇化互动发展模式研究 [D]. 重庆：西南大学，2012：9 – 10.

[90] 王伦强. 四川省城市化与产业协调发展研究 [D]. 成都：西南财经大学，2008：23 – 25.

[91] 吴季松. 科学发展与中国循环经济战略 [M]. 北京: 新华出版社, 2006.

[92] Patrick Geddes 著, 倪文彦等译. 进化中的城市 [M]. 北京: 中国建筑工业出版社, 1989: 23 - 76.

[93] 理查德. 瑞杰斯特, 王如松, 胡聆译. 生态城市——建设与自然平衡的人居环境 [M]. 北京: 社会科学文献出版社, 2002: 127 - 128.

[94] 肖金成, 袁朱. 中国将形成十大城市群 [N]. 中国经济时报, 2007 - 03 - 29 (5).

[95] 胡长生. 培育生态文化支撑生态文明 [N]. 学习时报, 2017 - 09 - 04.

[96] 国家发改委, 住房城乡建设部. 北部湾城市群发展规划 [R]. 2017 - 01 - 20.

[97] 国家发展和改革委员会. 长江三角洲城市群发展规划 [R]. 2016, 6.

[98] 国家发展和改革委员会. 长江中游城市群发展规划 [R]. 2015, 4.

[99] 国家发展和改革委员会. 中原城市群发展规划 [R]. 2016, 12.

[100] 国家发展和改革委员会. 哈长城市群发展规划 [R]. 2016, 2.

[101] 国家发展和改革委员会. 成渝城市群发展规划 [R]. 2016, 4.

[102] 国家林业局. 中国生态文化发展纲要 (2016～2020 年) [R]. 2016. 4. 7.

[103] 云南省住房和城乡建设厅. 滇中城市群规划 (2016～2049 年) (公示稿) [R]. 2016, 12.

[104] 中国政府批准实施《广西北部湾经济区发展规划》 [BE/OL]. 中央政府门户网站, http://www. gov. cn, 2008 - 02 - 22.

[105] 2016 年南宁市国民经济发展统计公报 [BE/OL]. 南宁市人民政府门户网站, http://www. nanning. gov. cn, 2017 - 04 - 25.

[106] 南宁简介 [BE/OL]. 南宁市人民政府门户网站, http://www. nan-ning. gov. cn, 2017 - 07 - 03.

[107] 2016 年北海市国民经济和社会发展公报. 北海市人民政府门户网站, http://www. beihai. gov. cn, 2017 - 06 - 30.

［108］北海概况［BE/OL］. 北海市人民政府门户网站，http：//www.
beihai. gov. cn，2017 - 02 - 13.

［109］概览钦州［BE/OL］. 钦州市人民政府门户网站，http：//www.
qinzhou. gov. cn，2017 - 10 - 30.

［110］钦州市 2016 年国民经济和社会发展统计公报［BE/OL］. 钦州市
人民政府门户网站，http：//www. qinzhou. gov. cn，2017 - 06 - 30.

［111］认识防城港［BE/OL］. 防城港市人民政府门户网站，http：//fcgs.
gov. cn，2017 - 03 - 02.

［112］2016 年防城港市国民经济和社会发展统计公报［BE/OL］. 防城
港市人民政府门户网站，http：//fcgs. gov. cn，2017 - 07 - 06.

［113］玉林市概况［BE/OL］. 玉林市人民政府门户网站，http：//www.
yulin. gov. cn，2016 - 11 - 24.

［114］2016 年玉林市国民经济和社会发展统计公报［BE/OL］. 玉林市
人民政府门户网站，http：//www. yulin. gov. cn，2017 - 05 - 19.

［115］聚焦崇左［BE/OL］. 崇左市人民政府门户网站，http：//www.
chongzuo. gov. cn，2015 - 06 - 20.

［116］2016 年崇左市国民经济和社会发展统计公报［BE/OL］. 崇左市
人民政府门户网站，http：//www. chongzuo. gov. cn，2017 - 06 - 30.

［117］2016 年湛江市国民经济和社会发展统计公报［BE/OL］. 湛江市
人民政府门户网站，http：//www. zhanjiang. gov. cn，2017 - 02 - 20.

［118］茂名市概况［BE/OL］. 茂名市人民政府门户网站，http：//tjj.
maoming. gov. cn，2017 - 05 - 26.

［119］2016 年茂名市国民经济和社会发展统计公报［BE/OL］. 茂名市
人民政府门户网站，http：//tjj. maoming. gov. cn，2017 - 03 - 17.

［120］阳江概况［BE/OL］. 阳江市人民政府门户网站，http：//www. yjtjj.
gov. cn，2015 - 05 - 05.

［121］阳江市 2016 年国民经济和社会发展统计公报［BE/OL］. 阳江市
人民政府门户网站，http：//www. yjtjj. gov. cn，2017 - 05 - 08.

［122］海口市情［BE/OL］. 海口市人民政府门户网站, http://www. haikou. gov. cn, 2017 – 06 – 22.

［123］2016 年海口市国民经济和社会发展统计公报［BE/OL］. 海口市人民政府门户网站, http://www. haikou. gov. cn, 2017 – 02 – 10.

［124］走进儋州［BE/OL］. 儋州市人民政府门户网站, http://www. danzhou. gov. cn, 2015 – 06 – 02.

［125］2016 年儋州市国民经济和社会发展统计公报［BE/OL］. 儋州市人民政府门户网站, http://www. danzhou. gov. cn, 2017 – 03 – 22.

［126］东方概况［BE/OL］. 东方市人民政府网站, http://dongfang. hainan. gov. cn, 2010 – 07 – 19.

［127］2016 年东方市经济运行情况分析［BE/OL］. 海南省政府网信息公开栏, http://xxgk. hainan. gov. cn, 2017 – 02 – 09.

［128］澄迈概况［BE/OL］. 澄迈县人民政府门户网站, http://cheng-mai. hainan. gov. cn, 2017 – 11 – 01.

［129］2016 年澄迈县经济运行情况分析［BE/OL］. 澄迈县人民政府门户网站, http://chengmai. hainan. gov. cn, 2017 – 03 – 01.

［130］临高县概况［BE/OL］. 临高县人民政府门户网站, http://www. lingao. gov. cn, 2017 – 11 – 11.

［131］昌江黎族自治县概况［BE/OL］. 昌江黎族自治县人民政府门户网站, http://www. changjiang. gov. cn, 2017 – 11 – 11.

［132］2016 年昌江黎族自治县经济运行情况及 2017 年经济展望［BE/OL］. 海南省政府网信息公开栏, http://xxgk. hainan. gov. cn, 2017 – 02 – 04.

［133］国家统计局:2016 年中国城镇化率达到 57. 35%［BE/OL］. 中国经济网, http://www. ce. cn, 2017 – 01 – 20.

［134］南宁市矿产资源［BE/OL］. 南宁市人民政府门户网站, http://www. nanning. gov. cn, 2013 – 10 – 14.

［135］环境资源［BE/OL］. 北海市人民政府门户网站, http://www.

beihai. gov. cn, 2017 – 02 – 21.

[136] 自然资源 [BE/OL]. 钦州市人民政府门户网站, http://www. qinzhou. gov. cn, 2017 – 10 – 30.

[137] 湛江市概况 [BE/OL]. 湛江市人民政府门户网站, http://www. zhanjiang. gov. cn, 2017 – 03 – 29.

[138] 矿产资源 [BE/OL]. 阳江市人民政府门户网站, http://www. yjtjj. gov. cn, 2016 – 10 – 13.

[139] 自然地理 [BE/OL]. 海口市人民政府门户网站, http://www. haikou. gov. cn, 2016 – 12 – 31.

[140] 南宁市水资源 [BE/OL]. 南宁市人民政府门户网站, http://www. nanning. gov. cn, 2013 – 10 – 14.

[141] 资源·物产 [BE/OL]. 防城港市人民政府门户网站, http://fcgs. gov. cn, 2015 – 06 – 10.

[142] 自然资源 [BE/OL]. 阳江市人民政府门户网站, http://www. yjtjj. gov. cn, 2016 – 06 – 07.

[143] 自然资源 [BE/OL]. 临高县人民政府门户网站, http://www. lingao. gov. cn, 2017 – 11 – 17.

[144] 南宁市动植物资源 [BE/OL]. 南宁市人民政府门户网站, http:// www. nanning. gov. cn, 2013 – 10 – 14.

[145] 东方概况 [BE/OL]. 东方市人民政府网站, http://dongfang. hainan. gov. cn, 2010 – 07 – 19.

[146] 2017 年南宁市政府工作报告 [BE/OL]. 南宁市人民政府网, http:// www. nanning. gov. cn, 2017 – 02 – 27.

[147] 2017 年湛江市政府工作报告 [BE/OL]. 湛江市人民政府网, http:// www. zhanjiang. gov. cn, 2017 – 02 – 08.

[148] 陈力. 呼包鄂榆城市群:错位发展主动转型 [EB/OL]. 中国经济网, http://district. ce. cn, 2013 – 08 – 06.

[149] 2017 年东方市政府工作报告 [BE/OL]. 海南省东方市政府信息

公开网，http://xxgk. hainan. gov. cn，2017 – 03 – 01.

［150］《山东半岛城市群发展规划（2016～2030 年)》正式发布［EB/OL］.
烟台市规划局官网，https://www. ytgh. gov. cn，2017 – 02 – 23.

［151］《黔中城市群发展规划》正式印发实施［EB/OL］.贵阳新闻网，
http://www. gywb. cn，2017 – 03 – 17.

后　记

　　城镇化是一个人口向城市集聚、经济不断发展、城市规模扩大、社会进步的过程。城镇化进程不仅涉及人口向城镇集聚和城市经济社会的发展，还涉及自然资源的开发利用和生态环境的保护与建设。在不断加速的城镇化进程中，作为支撑其发展的生态环境，却有可能面临污染和恶化。

　　城镇化与生态环境既相互促进，也相互制约。城镇化的发展会保护甚至改善生态环境，也会使生态环境恶化。生态环境是支撑城镇化发展的重要因素，也会成为限制城镇化发展的制约因素。城镇化和生态环境两者的关系是可以调控的，采取一定的措施对两者进行调控，可以实现两者的协调发展。

　　本书以北部湾城市群为研究对象，在借鉴相关理论和文献的基础上，介绍了城镇化与生态环境的互动效应、协调发展机制和特征；在分析北部湾城市群城镇化及生态环境发展现状及特点的基础上，建立评价指标体系和评价模型，对北部湾城市群城镇化与生态环境协调发展的关系进行了实证分析。以城市群作为研究单元，对北部湾城市群与中国18个城市群的城镇化与生态环境耦合协调情况进行对比分析，结果表明：北部湾城市群城镇化与生态环境协调发展仍处于较低的水平，属于低度协调耦合——城镇化受阻的类型；在以单个城市作为研究单元方面，对北部湾城市群15个城市的城镇化与生态环境压力关系进行脱钩分析，结果表明：2011～2015年北部湾城市群15个城市城镇化与生态环境压力的脱钩情况整体上呈现好转——恶化——好转的发展趋势，大部分城市为强脱钩状态，少部分城市为弱脱钩状态，但仍有个别城市为扩张性负脱钩或衰退性脱钩状态。最后，提出了北部湾城市群城镇化与生态环境协调发展的调控模式和对策。

　　本书的研究，丰富了城镇化与生态环境协调发展研究的理论成果，对北部湾城市群提高城镇化与生态环境协调发展水平、实现城市群可持续发展的实践工作也具有一定的参考价值。

　　本书的写作参考了大量前人的研究成果和资料，调研过程中得到了相关单位的大力支持和帮助。因篇幅和时间的关系，未能对书中所参考的著作和论文一一列出，也未能对给予支持和帮助的单位一一列出，在此一并表示感谢和歉意。

　　受自身理论素养和知识水平所限，本书在研究内容、研究方法、研究深度等方面还有很大的提升空间，有待下一步深入的研究。本书主要的不足之处在于：一是对城镇化和生态环境的互动效应、协调机制的理论研究深度不够；二是受数据获取的难易程度限制，城镇化及生态环境评价指标体系的建立还有待进一步完善；三是北部湾城市群城镇化与生态环境发展的对策研究还不够，还需要更具体或细化到每个城市。真诚期待各位专家、学者和广大读者指正赐教。

　　本书的出版得到了经济科学出版社的大力支持，在此表示感谢！

作者
2018 年 1 月